O DIREITO DA LIBERDADE NA CONSTITUIÇÃO

AUTONOMIA DAS INSTITUIÇÕES DE ENSINO

CARLOS VALDER DO NASCIMENTO

Prefácio
Edvaldo Brito

O DIREITO DA LIBERDADE NA CONSTITUIÇÃO

AUTONOMIA DAS INSTITUIÇÕES DE ENSINO SUPERIOR

Belo Horizonte

FÓRUM
CONHECIMENTO JURÍDICO

2021

© 2021 Editora Fórum Ltda.

É proibida a reprodução total ou parcial desta obra, por qualquer meio eletrônico, inclusive por processos xerográficos, sem autorização expressa do Editor.

Conselho Editorial

Adilson Abreu Dallari
Alécia Paolucci Nogueira Bicalho
Alexandre Coutinho Pagliarini
André Ramos Tavares
Carlos Ayres Britto
Carlos Mário da Silva Velloso
Cármen Lúcia Antunes Rocha
Cesar Augusto Guimarães Pereira
Clovis Beznos
Cristiana Fortini
Dinorá Adelaide Musetti Grotti
Diogo de Figueiredo Moreira Neto (in memoriam)
Egon Bockmann Moreira
Emerson Gabardo
Fabrício Motta
Fernando Rossi
Flávio Henrique Unes Pereira

Floriano de Azevedo Marques Neto
Gustavo Justino de Oliveira
Inês Virgínia Prado Soares
Jorge Ulisses Jacoby Fernandes
Juarez Freitas
Luciano Ferraz
Lúcio Delfino
Marcia Carla Pereira Ribeiro
Márcio Cammarosano
Marcos Ehrhardt Jr.
Maria Sylvia Zanella Di Pietro
Ney José de Freitas
Oswaldo Othon de Pontes Saraiva Filho
Paulo Modesto
Romeu Felipe Bacellar Filho
Sérgio Guerra
Walber de Moura Agra

FÓRUM
CONHECIMENTO JURÍDICO

Luís Cláudio Rodrigues Ferreira
Presidente e Editor

Coordenação editorial: Leonardo Eustáquio Siqueira Araújo
Aline Sobreira de Oliveira

Av. Afonso Pena, 2770 – 15º andar – Savassi – CEP 30130-012
Belo Horizonte – Minas Gerais – Tel.: (31) 2121.4900 / 2121.4949
www.editoraforum.com.br – editoraforum@editoraforum.com.br

Técnica. Empenho. Zelo. Esses foram alguns dos cuidados aplicados na edição desta obra. No entanto, podem ocorrer erros de impressão, digitação ou mesmo restar alguma dúvida conceitual. Caso se constate algo assim, solicitamos a gentileza de nos comunicar através do *e-mail* editorial@editoraforum.com.br para que possamos esclarecer, no que couber. A sua contribuição é muito importante para mantermos a excelência editorial. A Editora Fórum agradece a sua contribuição.

Dados Internacionais de Catalogação na Publicação (CIP) de acordo com a AACR2

N244d	Nascimento, Carlos Valder do
	O direito da liberdade na Constituição: autonomia das Instituições de Ensino Superior / Carlos Valder do Nascimento.– Belo Horizonte : Fórum, 2021.
	123 p.; 14,5x21,5cm
	ISBN: 978-65-5518-001-5
	1. Direito Constitucional. 2. Direito Administrativo. 3. Instituições de Ensino Superior. I. Título.
	CDD 341.2
	CDU 342

Elaborado por Daniela Lopes Duarte - CRB-6/3500

Informação bibliográfica deste livro, conforme a NBR 6023:2018 da Associação Brasileira de Normas Técnicas (ABNT):

NASCIMENTO, Carlos Valder do. *O direito da liberdade na Constituição*: autonomia das Instituições de Ensino Superior. Belo Horizonte: Fórum, 2021. 123 p. ISBN 978-65-5518-001-5.

SUMÁRIO

PREFÁCIO
UMA ODE À LIBERDADE DE CÁTEDRA
Edvaldo Brito 9

APRESENTAÇÃO
Carlos Valder do Nascimento 13

CAPÍTULO I
CONTEXTUALIZANDO OS FATOS 15

CAPÍTULO II
ENQUADRAMENTO NORMATIVO DA MATÉRIA ... 19
2.1　Na Constituição Federal 19
2.2　Na Lei de Diretrizes e Bases da Educação Nacional (Lei nº 9.394, de 20 de dezembro de 1996) 20
2.3　Na lei sobre normas eleitorais (Lei Eleitoral nº 9.504, de 30 de setembro de 1997) 21
2.4　A questão aparente de um conflito de normas (regras e princípios) 24

CAPÍTULO III
ESTADO, DEMOCRACIA E DIREITO 27
3.1　Estado e Governo 27
3.2　O Estado como sociedade soberana 28
3.3　O Estado como organização política da sociedade 29
3.4　Estado e sua vinculação com as liberdades públicas 30
3.5　A democracia republicana como governo do povo 34
3.6　Democracia e abuso de poder 36
3.7　O Estado e a liberdade substantiva 38
3.8　Estado de Direito 40

CAPÍTULO IV
O DIREITO DA LIBERDADE E SUAS DIVERSAS CONOTAÇÕES 43
4.1 As ideias concebidas pelos filósofos antigos e modernos 43
4.2 A liberdade e os desígnios democráticos 52
4.3 Liberdade e seu caráter de pluralidade 55
4.4 Reflexão e estudo sobre liberdade 58
4.5 Substancialidade e complexidade da liberdade 61
4.6 Liberdade de ensino 63
4.7 Liberdade de pensamento e de expressão 65
4.8 As liberdades garantidas pela Constituição não admitem retrocesso 66
4.9 Liberdades no plano internacional: o caso da União Europeia 68
4.9.1 Exercício das liberdades na União Europeia 68
4.9.2 As liberdades na Carta dos Direitos Fundamentais na União Europeia 69

CAPÍTULO V
AUTONOMIA DAS UNIVERSIDADES 75
5.1 Autonomia universitária 75
5.1.1 Autonomia no plano científico 78
5.1.2 A questão da censura nas universidades 79
5.1.3 Liberdade contra o arbítrio universitário 80
5.1.4 Alunos, professores e funcionários como signatários do exercício da liberdade 81
5.2 A universidade como encarnação do Estado 84
5.3 A universidade como obra secular 86
5.4 Responsabilidade social da universidade 91
5.5 A universidade e os seus atos de legalidade 93

CAPÍTULO VI
CONSIDERAÇÕES FINAIS 95
REFERÊNCIAS 99

O AUTOR E SUA OBRA 103

ANEXO
JURISPRUDÊNCIA – SUPREMO TRIBUNAL
FEDERAL 111

PREFÁCIO

UMA ODE À LIBERDADE DE CÁTEDRA

Carlos Valder compôs, neste texto, um verdadeiro cântico à liberdade e, no seu bojo, incluiu a autonomia universitária.

Tudo simétrico, como convém a uma louvaminha de um objeto, ainda que não se trate de um mero elogio de um amigo a certo objeto, como indica o conteúdo semântico desse signo — ode — mas, ao contrário, um elogio traduzido em lições que, somente, um professor do seu quilate pode transmitir.

A lição é que os protagonistas da autonomia universitária são o contingente humano que a constitui: alunos, professores e servidores das demais categorias.

Esses protagonistas, ao tempo em que a povoam, são os guardiões do templo sagrado da liberdade, cujo culto lhes cabe em todos os atos que praticam no espaço universitário, por isso, não é em vão que este trabalho lembra ser a autonomia didático-científica, consagrada na Constituição, composta pelo pluralismo de ideias e de pensamento.

Enfim, essa autonomia passa pela liberdade. Ensina este texto.

Passa, assim, pela autodeterminação individual e coletiva daqueles que integram esse contingente humano, enquanto têm a faculdade de homiziar, nesse sagrado ambiente, o culto ao saber, cuja liturgia consiste em ação segundo a própria determinação: a liberdade.

Liberdade é a aptidão ínsita, inata, do ser humano que viveu, inicialmente, sob o estágio conhecido como *sociedade civil* e que, somente, admitiu o Estado — formulação do poder nascido da heteronomia, isto é, da submissão à vontade alheia gestada na chamada *sociedade política* — como uma forma de preservar no homem a consciência de que o valor da sua manifestação de vontade individual necessitava da superioridade da vontade dos demais homens, consubstanciada na vontade coletiva, mas, somente para assegurar aquela manifestação; tanto que rechaça, sempre, o sentimento de súdito para expressar o de cidadão que é categoria consagrada em todos os textos constitucionais das Nações nos dois após guerra mundial.

A dignidade da pessoa humana — que também se forra dessa manifestação de vontade individual — é princípio inscrito em todos esses textos editados nesses após-guerra. O texto brasileiro de 1988 não foge a isto e é fundamento da República, da Federação e da Democracia em nosso país, com *interpretação integrativa* com outros princípios, *verbi gratia*, o do valor da *livre iniciativa* e o da *construção de uma sociedade livre, justa e solidária*.

Essa *interpretação integrativa* envolve o princípio, também, constitucional da autonomia das instituições de ensino superior objeto deste estudo primoroso.

A Universidade — instituição de ensino superior — é a seiva do conhecimento humano, ao associar o ensino, a pesquisa e a extensão em clima de total *liberdade de iniciativa* dos professores, alunos e servidores burocráticos, sob pena de estiolar-se essa autonomia.

Há pilares constitucionais que sustentam o ensino superior.

A liberdade capitaneia a todos eles e é a viga mestra em que se apoiam o aprendizado, a transmissão do conhecimento, a pesquisa, a divulgação do pensamento, da arte e do saber, forrados pelo pluralismo de ideias e de concepções pedagógicas.

É a célebre *liberdade de cátedra*.

Este trabalho elucida de tal maneira todo o exposto, que põe em xeque alguns episódios jurisprudenciais de natureza eleitoral que, ao atingirem a Universidade, espaço livre do exercício da cidadania, confundem a livre manifestação do pensamento de alunos e professores com a atividade típica de quem está catando voto para si em um pleito eleitoral.

Um candidato ao exercício de um mandato popular — é certo — não pode fazer uso de bens públicos para veicular sua propaganda, mas, os protagonistas da vida acadêmica podem difundir, nas dependências das Universidades, as suas ideias porque, mesmo a lei infraconstitucional, vedando a veiculação de propaganda de qualquer natureza, nos bens pertencentes ao poder público, não poderá ser interpretada a ponto de impedir a prática da outorga constitucional da liberdade de divulgar o pensamento, no âmbito acadêmico, por aqueles que exprimem essas instituições de ensino superior.

O professor Carlos Valder revela o seu didatismo neste trabalho, ao concluir que o direito da liberdade de pensamento é o repositório do aprendizado e do ensino livres e que esse direito é fonte primária da qual emanam todas as formas de liberdade.

Essa é uma ideia somente compatível com os princípios sociais, quando eles não são interpretados de forma a se comportarem como negação absoluta dos vínculos que devem unir os homens em sociedade, a fim de que a democracia não se transforme na sua antítese que é a autocracia.

Encantei-me com a leitura do texto e não quero tirar o prazer de outrem, fazendo o mesmo, por isso, estanco, aqui, a minha vontade de dizer mais sobre ele.

Boa leitura.

Março de 2020

Edvaldo Brito
Professor Emérito da Universidade Federal da Bahia, em cuja Faculdade de Direito leciona no Programa de Pós-Graduação (Mestrado e Doutorado). Professor Emérito da Universidade Presbiteriana Mackenzie (São Paulo). Doutor em Direito e Livre-Docente pela Universidade de São Paulo. Mestre em Direito Econômico. Advogado na Bahia.

APRESENTAÇÃO

O presente estudo tem por escopo evidenciar que a *liberdade de expressão* se afigura o fato determinante na formulação da autonomia universitária. Isto quer dizer que o espaço onde se situa a participação de seus protagonistas (professores, alunos e funcionários) é de vital significação. É o palco onde se processa o debate visando à consecução dos desígnios da comunidade social.

O homem, pela sua grandeza, constitui o início de tudo e, como tal, antecede ao Estado, daí porque é este que deve se humanizar com vistas ao cumprimento de seus objetivos primordiais. Nessa seara, desde priscas eras, a sua liberdade configura o valor supremo de sua existência. É uma preciosidade, tanto que a nenhuma autoridade é dado o direito de suprimi-la diante de sua relevância para o ser humano em toda a sua trajetória de vida.

Nessa linha de intelecção, a Constituição, colhendo o êxito de seu conteúdo substantivo, dá o significado aos direitos humanos de forma abrangente, prestigiando, assim, a vontade popular, a liberdade, a igualdade, corolário da dignidade da pessoa humana. Esses são elementos axiológicos da República, contemplando, ainda, a separação de poderes e o pluralismo político, cultural, econômico e social.

Trilhando os caminhos ditados pelas regras consubstanciadas na Constituição de 1988, Virgilio de Jesus Miranda Carvalho (*Para uma constituição democrático-liberal*. Coimbra: Coimbra Editora, 1986. p. 19) afirma que:

O Estado não pode evitar um neutralismo valorativo quando organiza sua ação por forma a criar zonas de proteção de *liberdade, áreas de abertura e autonomia* que virtualizem o mais possível a realização de uma pluralidade de projetos de vida e de projetos de ação em que se possam aqueles valores da humanidade em que as pessoas acreditam e que dão sentido às suas vidas.

Não é sem razão que, nesse contexto, o constituinte tentou dotar a Constituição de mecanismos que transcendam a sua determinação histórica, estabelecendo, nesse sentido, um sistema normativo capaz de interagir com outros que tenham no homem o objetivo central de suas preocupações cotidianas, colocando seus direitos num patamar de inviolabilidade, porquanto essencial à comunidade humana.

Ademais, o exercício pleno da liberdade – disse Dias Toffoli, presidente do STF – afasta a censura de qualquer ordem porque parte do pressuposto firmado pelo processo democrático assegurado pelo texto insculpido na Constituição. Nomeadamente, a *livre expressão do pensamento* alcança, além das instituições, as pessoas dentro desse contexto de fatos e ideais voltados para o ensino, educação e cultura a fim de enfrentar questões meramente ideológicas, sedimentadas no mais deslavado fundamentalismo.

Por conseguinte, a *liberdade de expressão valorada pelo Supremo Tribunal Federal* é um passo na mudança de paradigma. É a tese que prevalece no mundo jurídico e, portanto, não pode ser desrespeitada pelas instâncias de graus inferiores, de sorte que também aproveita a *autonomia das instituições de ensino superior*, as quais denotam transparecer a própria encarnação do Estado e assim devem ser consideradas a fim de permitir que cumpram o seu papel histórico de transmitir o saber e o conhecimento às gerações vindouras. Esta é a contribuição do autor ao debate sobre a questão na expectativa sincera que possa assegurar a *efetividade do texto constitucional* como fundamento do Estado Democrático de Direito.

Carlos Valder do Nascimento

CAPÍTULO I

CONTEXTUALIZANDO OS FATOS

A questão vivenciada pelo pleito eleitoral para o preenchimento dos cargos de presidente e vice-presidente da República suscitou contrariedades durante o seu curso. Segundo relato do jornal *Folha de S. Paulo*, de 24 de outubro de 2018, o referido pleito foi precedido de ações policiais e da Justiça Eleitoral ocorridas em vários estados da Federação. As medidas, em menor ou maior escala, foram voltadas para o controle e fiscalização de supostas irregularidades na propaganda eleitoral que vinham acontecendo durante aqueles últimos 3 (três) dias. Críticos das operações apontam censura, diz o conceituado periódico.

No Rio de Janeiro, a justiça ordenou que a Faculdade de Direito da Universidade Federal Fluminense (UFF) retirasse uma bandeira, sem mandado judicial, sob a alegação de que versava "conteúdo de propaganda eleitoral". Os estudantes negaram ter feito ações político-partidárias. Na Universidade do Estado do Rio de Janeiro (UERJ), também houve ação de policiais militares para retirada de faixas. Segundo a universidade, não havia mandado judicial para remoção, e as bandeiras continuaram na entrada do *campus* Maracanã. A seção do Rio da OAB manifestou "repúdio" à decisão da Justiça Eleitoral, que tentou, segundo ela, censurar a liberdade de expressão de estudantes e professores das faculdades de direito. A entidade afirma ainda que "a manifestação livre, não alinhada a candidatos e partidos, não pode ser confundida com propaganda eleitoral".

No Rio Grande do Sul, a Justiça Eleitoral barrou ato contra o fascismo pela democracia sob a alegação de que seria de natureza eleitoral dentro de uma instituição federal. Na Paraíba, policiais militares estiveram na sede da associação dos docentes das Universidades Federais da Paraíba e de Campina Grande e cumpriram mandados de busca e apreensão de *Manifesto em defesa da democracia*. Na Universidade Estadual da Paraíba, fiscais do TRE fiscalizaram se havia propaganda política até dentro da sala de aula. Houve também relatos de confusão na Universidade Federal do estado.

Na Universidade Federal de Grande Dourados, em Mato Grosso do Sul, uma aula pública intitulada *Esmagar o fascismo* foi suspensa por um mandado do Tribunal Regional da 1ª Região (TRF1). Em nota, a Campanha Nacional pelo Direito à Educação disse repudiar "decisões da Justiça Eleitoral que tentam censurar a liberdade de expressão de membros de comunidade acadêmica, ferindo seus direitos civis e políticos, bem como o princípio constitucional da autonomia universitária".

Em um *campus* da Universidade do Estado do Pará, policiais militares entraram armados na tarde de quarta-feira, dia 24.10.2018, para averiguar o teor ideológico de uma aula e ameaçaram de prisão um professor. A polícia foi chamada por uma das alunas, que é filha de um policial, após o docente ter feito uma menção de produção de *fake*.

O coordenador do curso de Ciências Sociais da UEPA conta que realizava um curso e, em tom de brincadeira com outra aluna, sugeriu que a divulgação dos *slides* da aula não gerasse *fake news*. Em nota, a UEPA informou que já apura o que teria ocorrido a fim de adotar as providências cabíveis, repudiando a vivência de qualquer cultura que cerceie direitos, gere constrangimentos e agressões. A procuradoria jurídica e a administração superior da instituição analisarão os fatos para outras providências.[1]

A partir desses relatos, fidedignos, pretende-se discutir a questão da liberdade de expressão e as implicações dos fatos descritos com o objetivo examinar se as ações policiais e da Justiça Eleitoral nos *campi* das universidades brasileiras comprometem sua autonomia no aspecto de possível cerceamento de direito

---

[1] https://www1.folha.uol.com.br/cotidiano/2018/10/universidades-de-todo-o-pais-sao-alvo-de-açoes-policiais-e-da-justiça-eleitoral.shtml.

da liberdade, da igualdade, da pluralidade de ideias e da crítica e, sobretudo, do debate dialético no plano democrático à luz dos valores e princípios inscritos na Constituição da República, provocando, assim, a impossibilidade do diálogo sobre a crise pela qual passa o país diante das contradições do mundo moderno.

É preciso examinar, antes de tudo, a possibilidade ou não do uso de bens públicos visando à veiculação de propaganda eleitoral. Quanto a isso, existe lei estabelecendo as coordenadas e objetivando a disciplina da matéria; entretanto, não faz quaisquer restrições quanto à sua utilização nas dependências das universidades públicas ou privadas.

Nesse sentido, a análise a ser feita objetiva, da mesma maneira, fortalecer a ideia de que os dispositivos constitucionais pretendem proteger e garantir a livre expressão do pensamento – nesse particular, aspecto em que se alicerça a fundamentação da temática, estabelecer os contornos conceituais do significado do vocábulo *liberdade* sob a ótica filosófica, enriquecendo a análise do tema.

Por conseguinte, o caso vertente está disciplinado na Lei nº 9.504/97, art. 37 e seus oito parágrafos e incisos. Todavia, a Justiça Eleitoral, em suas determinações ensejadoras das operações policiais, tentou coibir as manifestações nos *campi* das referidas instituições de ensino superior sob o pretexto de descumprimento das regras nela contidas. A justificativa para a busca e apreensão de documentos foi no sentido de que os papéis e outros panfletos veiculavam textos referentes à propaganda eleitoral.

Como se trata de situação atípica, que gerou grande repercussão no plano político e no seio das universidades, merece o devido exame com vistas à apuração dos fatos que ganharam notoriedade. Daí a necessidade de se fazer o cotejo das normas eleitorais com os valores e princípios constitucionais erigidos em nível de direitos e garantias fundamentais, corolários dos direitos humanos – a Declaração Universal dos Direitos Humanos completou em 2018 setenta anos de proclamação.

Valendo-se do texto produzido por aquele conceituado órgão de imprensa, permitiu-se fazer uma síntese das idôneas informações prestadas à sociedade, examinando a postura adotada pelos fiscais do referido processo eleitoral no tocante à questão dos direitos e garantias assegurados no campo das liberdades públicas, na seara da educação.

Na pressuposição de que tenham tais agentes públicos agido com certo rigor, de sorte a desrespeitar a autonomia universitária, uma das liberdades que são garantidas pela lei e pela Constituição, entende-se como oportuno proceder à análise desse comportamento no sentido de verificar a sua legalidade ou não.

Com vistas à consecução desse desiderato, este estudo busca estabelecer o perfil dos atos jurídicos (administrativos) para fixar a sua estrutura e funcionalidade quanto à questão da normatividade. Na verdade, os gestores da área educacional detêm competência para editar instruções e procedimentos referentes às atividades científicas no plano técnico-pedagógico das universidades.

O problema em evidência é a significação das manifestações legítimas dos alunos e professores – inclusive de servidores, que são os principais atores da cena questionada – e o modo de agir e decidir dos policiais em razão da jurisdição eleitoral. Certamente, não cabe ao Poder Judiciário, por se tratar de matéria eleitoral, entrar no mérito e tampouco examinar a conveniência e oportunidade das manifestações promovidas em favor da democracia, sob pena de vulnerar o princípio da separação dos poderes republicanos.

CAPÍTULO II

ENQUADRAMENTO NORMATIVO DA MATÉRIA

2.1 Na Constituição Federal

A matéria que cuida do presente estudo está inserida no título dos direitos e garantias fundamentais – no capítulo dos direitos e deveres individuais e coletivos, *in verbis*:

> Art. 5º Todos são iguais perante a lei, sem distinção de qualquer natureza, garantindo-se aos brasileiros e aos estrangeiros residentes no País a inviolabilidade do direito à vida, à liberdade, à igualdade, à segurança e à propriedade, nos termos seguintes:
> IV – é livre a manifestação do pensamento, sendo vedado o anonimato;
> IX – é livre a expressão da atividade intelectual, artística, científica e de comunicação, independentemente de censura ou licença;
> XVI – todos podem reunir-se pacificamente, sem armas, em locais abertos ao público, independentemente de autorização, desde que não frustrem outra reunião anteriormente convocada para o mesmo local, sendo apenas exigido prévio aviso à autoridade competente;

E na seção da educação, como se vê:

> Art. 206. O ensino será ministrado com base nos seguintes princípios:
> II-liberdade de aprender, ensinar, pesquisar e divulgar o pensamento, a arte e o saber;
> III – pluralismo de idéias e de concepções pedagógicas, e coexistência de instituições públicas e privadas de ensino;
> Art. 207. As universidades gozam de autonomia didático-científica, administrativa e de gestão financeira e patrimonial, e obedecerão ao princípio de indissociabilidade entre ensino, pesquisa e extensão.

2.2 Na Lei de Diretrizes e Bases da Educação Nacional (Lei nº 9.394, de 20 de dezembro de 1996)

Destacam-se os seguintes artigos:

Art. 1º A educação abrange os processos formativos que se desenvolvem na vida familiar, na convivência humana, no trabalho, nas instituições de ensino e pesquisa, nos movimentos sociais e organizações da sociedade civil e nas manifestações culturais;
§1º Esta Lei disciplina a educação escolar, que se desenvolve, predominantemente, por meio do ensino, em instituições próprias;
§2º A educação escolar deverá vincular-se ao mundo do trabalho e à prática social;
Dos Princípios e Fins da Educação Nacional
Art. 2º A educação, dever da família e do Estado, inspirada nos princípios de liberdade e nos ideais de solidariedade humana, tem por finalidade o pleno desenvolvimento do educando, seu preparo para o exercício da cidadania e sua qualificação para o trabalho;
Art. 3º O ensino será ministrado com base nos seguintes princípios:
(...)
II – liberdade de aprender, ensinar, pesquisar e divulgar a cultura, o pensamento, a arte e o saber;
III – pluralismo de idéias e de concepções pedagógicas;
IV – respeito à liberdade e apreço à tolerância;
(...)
VIII – gestão democrática do ensino público, na forma desta Lei e da legislação dos sistemas de ensino;
(...)
Do Direito à Educação e do Dever de Educar;
Art. 4º O dever do Estado com educação escolar pública será efetivado mediante a garantia de:
VIII – atendimento ao educando, em todas as etapas da educação básica, por meio de programas suplementares de material didático-escolar, transporte, alimentação e assistência à saúde;
IX – padrões mínimos de qualidade de ensino definido como a variedade e quantidade mínimas, por aluno, de insumos indispensáveis ao desenvolvimento do processo de ensino-aprendizagem;
X – vaga na escola pública de educação infantil ou de ensino fundamental mais próxima de sua residência a toda criança a partir do dia em que completar 4 (quatro) anos de idade;
Art. 4º-A. É assegurado atendimento educacional, durante o período de internação, ao aluno da educação básica internado para tratamento de saúde em regime hospitalar ou domiciliar por tempo prolongado, conforme dispuser o Poder Público em regulamento, na esfera de sua competência federativa;

Art. 5º O acesso à educação básica obrigatória é direito público subjetivo, podendo qualquer cidadão, grupo de cidadãos, associação comunitária, organização sindical, entidade de classe ou outra legalmente constituída e, ainda, o Ministério Público, acionar o poder público para exigi-lo.
Art. 13. Os docentes incumbir-se-ão de:
I – participar da elaboração da proposta pedagógica do estabelecimento de ensino;
II – elaborar e cumprir plano de trabalho, segundo a proposta pedagógica do estabelecimento de ensino;
III – zelar pela aprendizagem dos alunos;
(...);
VI – colaborar com as atividades de articulação da escola com as famílias e a comunidade.

2.3 Na lei sobre normas eleitorais (Lei Eleitoral nº 9.504, de 30 de setembro de 1997)

O art. 37 da referida lei dispõe sobre a matéria:

Nos bens cujo uso dependa de cessão ou permissão do poder público, ou que a ele pertençam, e nos bens de uso comum, inclusive postes de iluminação pública, sinalização de tráfego, viadutos, passarelas, pontes, paradas de ônibus e outros equipamentos urbanos, é vedada a veiculação de propaganda de qualquer natureza, inclusive pichação, inscrição a tinta e exposição de placas, estandartes, faixas, cavaletes, bonecos e assemelhados.

Não se pode negar que o assunto em tela impregna os direitos fundamentais, guardando estreitos laços de afinidade circunscrita ao seu raio de ação em prol dos cidadãos na qualidade de protagonistas da cena jurídico-educacional. Professa o ideário da igualdade em torno do fortalecimento da dignidade humana como princípio em que se funda a República Federativa do Brasil, erigida a Estado Democrático de Direito.

Em decorrência disso, garante de modo solene a inviolabilidade à liberdade a todos, independentemente da sua nacionalidade, desde que residentes no país. Assegura a manifestação do pensamento sem quaisquer reservas em função de crença, partido político ou ideologia que violente a sua condição de ser humano em detrimento do seu direito de autodeterminação ou autocausalidade no território nacional.

Seguindo na mesma direção, estabelece, de maneira expressa e sem reserva qualquer, a livre expressão das atividades em geral, de acordo com a vocação de cada um e das necessidades ditadas pela natural inclinação e aptidão para o seu exercício em várias áreas do conhecimento, dentre elas aquelas voltadas para as áreas distintas, quais sejam: *intelectual, artística, científica, comunicação. Não deve ocorrer restrição de qualquer natureza, censura ou requerimento de licença para essa finalidade.*

Em outro plano, assegura o direito de reunião, inclusive em locais aberto ao público, dispensado o pedido de autorização à autoridade competente.

No que diz respeito à educação, há princípios essenciais a serem observados no campo do ensino em que será ministrado. Nessa linha, cumpre aduzir aqueles estabelecidos pela Lei nº 9.394/96, que fixou as diretrizes e bases para a educação nacional.

Dentro desse quadro, podem-se eleger, conforme determina a Constituição Federal, os postulados referidos à liberdade de apreender, ensinar, pesquisar e promover a divulgação do pensamento, da arte e do saber. Assim sendo, estimula o pluralismo das ideias e de concepções pedagógicas e a coexistência de instituições públicas e privadas de ensino. Não há lugar, portanto, para tratamento mesquinho ou para implementação do autoritarismo que se pretende impor à sociedade.

Como se vê, é inquestionável a autonomia de que gozam as universidades no desempenho de suas atividades em todos os campos do conhecimento humano. Assim, as invasões perpetradas contra elas não encontram ressonância no direito constitucional, além de caracterizarem uma violência contra o direito inalienável da liberdade de pensamento daqueles que têm no saber a arma primordial de redenção do homem na plenitude de sua luta existencial.

Por conseguinte, nas normas descritas no capítulo II, não há previsão legal de impedimento da difusão de ideias no espaço ocupado por docentes, discentes e servidores nas universidades ao longo dos debates que antecedem as eleições. Esse comportamento de troca de impressões e opiniões, diante do seu caráter de pluralidade, é permitido e estimulado, conforme reconhece a legislação de regência. Isso implica dizer que a manifestação referida ao desdobramento do discurso político é livre e, consequentemente, incensurável.

Certamente, no âmbito universitário onde se dá o confronto de ideias – sem dúvida, o local mais indicado para o debate profundo e construtivo das questões econômicas, culturais e sociais que dependem do poder público para a satisfação das necessidades delas decorrentes –, configura-se um regime escolhido pelo povo que melhor se adéqua à práxis republicana.

Dessa forma, é isso que permite a realização de seu esforço pujante no sentido de proteção e garantia dos direitos fundamentais. Como se observa, o ambiente é princípio para se pensar e se expressar em torno da problemática que a sociedade vem enfrentando neste momento de crise pelo qual passa o país. Nesse campo, a solução depende do pensamento criativo dos estudiosos que se debruçam na persecução de encontrar a fórmula adequada para a consecução desse objetivo fundamental.

Tal transformação das relações sociais somente pode alcançar o exercício do livre pensar e de se expressar sem qualquer interferência, censura ou manipulação do procedimento legal, visando distorcer os valores abstratos em prejuízo do avanço do conhecimento. Justamente por isso, o direito de liberdade de pensamento constitui-se, dentre as muitas liberdades públicas, como um dos mais significantes em todos os campos do saber.

Por conseguinte, não se pode recorrer ao uso da Lei nº 9.504/97 para, amparado nela, segundo seus executores, promover a invasão das universidades a fim de inibir a divulgação de informações e os debates travados objetivando o esclarecimento da população sobre a importância do pleito eleitoral para a vida republicana e para o fortalecimento da democracia representativa.

Por justo motivo, não se pode admitir a invasão das universidades por forças policiais sem qualquer respaldo em fatos que justifiquem essa barbárie. Como se vê, é nítido o viés ideológico de comportamento dessa natureza; aliás, incompatível com os foros de civilidade que não condizem com essa postura alheia ao postulado da razoabilidade.

A jurisdição eleitoral, ao interpretar a legislação disciplinadora da propaganda política, extrapolou sua decisão de tal forma a não reconhecer a autonomia das universidades. O raciocínio judiciário foi além das balizas legais, já que contou com outros elementos para fornecer a convicção a respeito das medidas tomadas no interior das universidades no tocante à fiscalização eleitoral.

Não bastasse isso, ainda conta com a intromissão de outras instituições – de modo especial, a jurisdição eleitoral – para exercer o controle das manifestações de pensamento de seus alunos e professores no decorrer do processo eleitoral; nesse sentido, com o objetivo de coibir o diálogo fecundo e construtivo que ali acontece em tempos de eleição, visando *travar* a livre manifestação de cátedra a fim de compor um pensamento que reproduza a ideologia dominante dos "donos do poder", como diria Raimundo Faoro.

Como se observa, as regras procedimentais que violam diretamente o processo eleitoral visando disciplinar a escolha dos candidatos a cargos eletivos têm sua especificidade ao cuidar de uma legislação específica, isto é, de natureza especial. Assim, devem ser interpretadas e aplicadas de modo a conciliar os textos constitucionais e legais, não podendo, por isso, se sobreporem em razão da hierarquia das leis. Dessa maneira, havendo conflito de normas, prevalecem, como é óbvio, as inscritas no texto da Constituição.

2.4 A questão aparente de um conflito de normas (regras e princípios)

Dois aspectos avultam-se da maior importância para o equacionamento dessa problemática normativa que envolve a questão posta e pressuposta: de um lado, o direito de liberdade do direito de pensamento e expressão; de outro, o uso de bens públicos visando à veiculação de propaganda, que se condiciona à cessão ou permissão do poder público, segundo dispõe o art. 37 da Lei nº 9.504.

Pelo que se infere do referido diploma normativo, seu objetivo é disciplinar assuntos externos relativos à iluminação pública, tráfego, viadutos, passarelas e outros equipamentos urbanos, matérias já classificadas em leis específicas, de natureza, inclusive, sem relação com a administração pública.

Nessa linha, tais proibições não cabem no espaço interno das universidades, ambiente reservado à discussão de problemas que afligem a sociedade. Nelas se exercita o debate com vistas a discutir, no plano das ideias, as sugestões que possam contribuir para o aperfeiçoamento de democracia.

Por essa perspectiva, transparece haver um conflito de normas, tendo em vista a falta de confluência entre a Constituição e a lei referenciada. Como se percebe, o que está em jogo é o direito da liberdade de pensamento e de expressão, de maneira que, à luz do Estado do Direito, se reservou capítulo próprio para mostrar essa disfunção de entendimento.

CAPÍTULO III

ESTADO, DEMOCRACIA E DIREITO

3.1 Estado e Governo

Para Marta M. Assumpção Rodrigues, com arrimo em Max Weber, o Estado afigura-se um produto de "um processo histórico de concentração de poder", ou seja, "um conjunto de instituições públicas que envolvem múltiplas relações com o complexo social no território delimitado". Portanto se compõe de "instituições de governo (executivo legislativo e judiciário público)".[2]

Consoante, ainda, com a referida autora, entende-se por governo:

> O conjunto de indivíduos que orientam os rumos da sociedade, pois, ocupam posições na cúpula do Estado. Quem está no governo sempre exerce o poder politico, seja porque chegou lá por meio de eleição ou pelo uso da força (...). Caso o chefe de governo tenha chegado ao poder pela força ou coerção (no golpe militar, por exemplo, temos algum tipo de autoritarismo (militar, policial, burocrático-autoritário e etc.).[3]

Por sua vez, a república, como forma de governo presidencial, desempenha o papel de gestora da burocracia constituída de órgãos superiores. Não se trata, pois, de instituições senão meros poderes destituídos de *status*, soberania. Nesse ponto, a autonomia universitária tem

---

[2] RODRIGUES, Marta. M. Assumpção. *Políticas públicas*. São Paulo: Publifolha, 2010. p. 17-19. (Folha Explica).
[3] Idem, p. 19.

caráter substancial, e sua violação constitui uma ruptura constitucional. Os exegetas que negam a autoridade da constituição o fazem propositadamente, talvez por desconhecerem ou não considerarem a sua força negativa. É verdade que as liberdades não podem ser vilipendiadas a propósito de satisfazer uma posição ideologizada professada por um governante despreparado para exercer o *múnus* público.

Os tribunais devem atuar com os olhos na realidade e buscar sempre "garantir a esfera de liberdade do cidadão contra manifestação de poder arbitrárias e imprevisíveis". E fato, o Estado de Direito somente assim pode ser considerado se for capaz de "oferecer as garantias de racionalidade e tutela de direitos fundamentais", conforme assevera Carla Faralli.[4]

Stephen Trombley, ao ferir o tema da liberdade na percepção de John Stuart Mill, assinala que:

> O congresso não fará lei alguma no sentido de estabelecer religiões ou proibindo seu livre exercício: Ou cerceando a liberdade de expressão, ou de imprensa; ou direito do povo de se reunir pacificamente (...). Uma consequência da posição de Mill a favor da liberdade de expressão foi sua rejeição à censura.[5]

3.2 O Estado como sociedade soberana

O vocábulo *estado* é empregado no sentido de ordem, condição, derivada do latim *status*, conforme acentua De Plácido e Silva[6] em seu conceituado Vocabulário Jurídico. O Brasil figura, nos termos da Constituição, como uma república federativa, na condição, portanto, de Estado Democrático de Direito (art. 1º da CF/88).

Sinteticamente, o conceito de Estado que aqui se adota é: ordem jurídica soberana, que tem por fim o bem comum de um povo situado em determinado território. Pode-se discutir a universalidade desse conceito em face das características apresentadas pelo Estado até a

---

[4] FARALLI, Carla. *A filosofia contemporânea e o direito*: temas e desafios. São Paulo: WMF Martins Fontes, 2006. p. 2-20.
[5] TROMBLEY, Stephen. *50 Pensadores que formaram o mundo moderno*. Rio de Janeiro: Leia, 2017. p. 41.
[6] SILVA, De Plácido e. *Vocabulário Jurídico*. 28. ed. Rio de Janeiro: Editora Forense/GEN, 2009.

Idade Média, mas, ainda assim, o conceito permanece válido para a atualidade, que será o ponto de partida para a investigação do futuro.[7]

3.3 O Estado como organização política da sociedade

Segundo Slaibi Filho, o Estado, de um modo geral dos teóricos, surge como organização política: "O Estado já era conhecido desde a Antiguidade como *polis* na Grécia; civitas em Roma que depois conheceu a expressão *res pública* e, mais tarde *Imperium* e *regnum*".[8]

Nessa perspectiva, Manoel Gonçalves Ferreira Filho aduz que os princípios fundamentais que guardam pertinência com o ensino a ser ministrado, como consubstanciado no artigo 206 da CF/88, são: igualdade, liberdade, pluralismo de ideias e concepções pedagógicas e coexistência de instituições públicas e privadas. Para ele, o da igualdade "visa à igualização das condições reais de acesso e permanência na escola".[9]

Também aqui está uma projeção da liberdade de expressão do pensamento, mas que traduz igualmente o reconhecimento do pluralismo como valor de importância fundamental. Está nisso a recusa à imposição de orientações dogmáticas.[10]

Além de guardar estreita relação com a democracia, também se alinha ao direito, conforme assevera Nelson Saldanha:

> O Estado constitui uma "ordem, e o direito também. Ambas as coisas se relacionam evidentemente, mas o modo de colocar o problema de suas relações varia conforme a concepção de cada autor ou de cada doutrina". O relacionamento entre Estado e Direito é até certo ponto um relacionamento entre o direito e o poder; mas só até certo ponto. Isto porque a noção de Estado inclui a ideia de um mínimo de normas que se aplicam, de modo que ele nunca é apenas poder.[11]

---

[7] DALLARI, Dalmo de Abreu. *O futuro do estado*. São Paulo: Saraiva, 2001. p. 49.
[8] SLAIBI FILHO, Nagibe. *Anotações à constituição de 1988*: aspectos fundamentais. 2. ed. Rio de Janeiro: Forense, 1989. p. 13.
[9] FERREIRA FILHO, Manoel Gonçalves. *Comentários à Constituição Brasileira de 1988*. v. 4. São Paulo: Saraiva, 1995. p. 70.
[10] Ibidem.
[11] SALDANHA, Nelson. *In*: LIMONGI, R. (Coord.). *Enciclopédia Saraiva do Direito*. v. 33. São Paulo: Saraiva, 1977. p. 440.

É justamente por isso que a superposição das teorias jurídicas e políticas, consoante Nicola Matteucci, contribui para a construção do chamado Estado Moderno. Disso resulta uma concentração do direito como ordenamento normativo, com o Estado dando lugar à imagem do Estado de Direito, de maneira que nada "é mais válida do que a doutrina dessa ligação tornada oficial do direito público europeu".[12]

Para Nagib Slaibi Filho, o Estado Constitucional reveste-se da maior importância na medida em que o exercício do poder está repartido entre órgãos estatais e grupos sociais, como se vê, por exemplo, no artigo 205 da Constituição de 1988, que versa sobre a autonomia das universidades; no art. 17, §1º, sobre a autonomia partidária, inclusive com o direito de antena; art. 17, §3º, etc.[13]

Ao enfocar a questão democrática, Valentina Pazé assevera que "*as democracias consitucionales del siglo XX renascieron bajo el signo de 'este nunca mais'. Nunca más las 'actos de barbárie ultrajantes para la conciencia de la humanidad'. Nunca más guerra de agresión. Nunca mais desprecio por la vida, la dignidad, la libertad humana en nome de la nación de la pátria, de la raza*".[14]

Nessa perspectiva, segundo a referida autora, "*la constitucionalización de los derechos es ciertamente el producto de un recorrido historico contigente*". Dessa maneira, entende que "*el resultado de la luchas y revelaciones realizadas en defensa de ciertos finis y (la libertad, la igualdad, la solidaridad)*".[15]

3.4 Estado e sua vinculação com as liberdades públicas

O Estado Democrático de Direito tem, no esforço empreendido pelos cidadãos, a razão maior de sua existência na medida em que satisfaz as necessidades públicas e assegura os direitos e garantias fundamentais, que estão inscritos na Constituição e nos tratados

---

[12] MATTEUCCI, Nicola; PASQUINO, Gian Franco (Orgs.). Direito. *In: Dicionário de Política.* Brasília: Editora da Universidade Brasília, 1986. p. 353.
[13] SLAIBI FILHO, Nagib. *Ob. cit.* p.13
[14] PAZÉ, Valentina. *En nombre del Pueblo*: el problema democrático. Madrid: Marcial Pons, 2003. p. 96.
[15] Idem, p. 110-111.

e convenções internacionais. Tem, pois, como postulado essencial promover o bem-estar da sociedade, bem como combater a opressão contra as pessoas vítimas das desigualdades que ofendem a dignidade do ser humano.

Por sua vez, J. J. Gomes Canotilho estabelece um paralelo entre as liberdades e o modo de o homem se comportar no seio da sociedade. Explica ainda que "todo sistema necessita de princípios ou valores que eles exprimem como os da liberdade, igualdade e fraternidade. Desse modo, devem observar essa postura, asseverando que, nesse aspecto:

> As liberdades são caracterizadas como posições fundamentais e se identificam com os direitos de comportamento. A possibilidade de escolha de um comportamento. São liberdades porque são frutos da atividade humana e são públicos porque compete ao estado protegê-los.[16]

Por conseguinte, as liberdades públicas estão ligadas visceralmente à ordem individualista, como bem acentua François Gény. Daí a sua incorporação e natureza de direitos fundamentais, por isso que alçadas à Constituição pelo legislador constituinte de 1988. Assim, o referido jurista ensina que, em primeiro plano, *"estan los principios que consagran lo que se há denominado 'el orden individualista'"*, acrescentando que:

> *Es dicir, un conjunto e alcanzar el fin que la impone su naturaleza: libertad individual propiamente dicha..., libertad de opinión... con sus prolongaciones en la libertades de recuín, ... de enseñanza, de pensa.*[17]

Colhem-se, no texto da Constituição, os elementos determinantes dos princípios e valores das liberdades. Dentre eles, cumpre assinalar os prescritos no seu art. 206, II, todos vinculados ao direito à educação: liberdade de aprender, de ensinar, de pesquisas e, sobremodo, de divulgar o pensamento, a arte e o saber que se caracterizam

---

[16] Estado de Direito deve garantir liberdades fundamentais, diz Canotilho. *Revista Conjur*. 04 out. 2018. Disponível em: http://www.conjur.com.br/2018-out-04/estado-direito-garantialiberdades-individuais5-10-2018.
[17] GÉNY, François. *La libertad en el derecho entre certeza e incertidumbre*. Madrid: Editorial Comares, 2007. p. 29.

nesse campo e que dizem respeito ao cerne da autonomia da área didático-científica, referida à questão pedagógica.

Nesse particular aspecto, agregam-se as regras consubstanciadas na Lei de Diretrizes e Bases da Educação, conforme dispõem os artigos 1º, 2º e 3º do referido diploma legal (Lei nº 9.394/96). Da harmonização desse plexo normativo envolvendo a lei e a Constituição, decompõe-se o sistema nacional de educação superior, dotado de autonomia que dá consistência à livre manifestação do pensamento.

O Estado é, portanto, um ente ligado, indissoluvelmente, às aspirações mais sadias do povo; daí a sua estreita vinculação com as liberdades públicas e individuais. Na verdade, à luz do direito e da democracia, ele atua no sentido de oferecer segurança à comunidade nacional. De mais a mais, cumpre-lhe afastar o abuso de poder das autoridades de governo como objetivo de fazer cessar a opressão violenta contra os fracos e oprimidos.

Por conseguinte, J. J. Gomes Canotilho caminha nessa direção ao reconhecer e exaltar que:

> O princípio básico do Estado de direito é o da eliminação do arbítrio do exercício dos direitos públicos, com a consequência garantia de direitos dos indivíduos perante esses poderes, regras e princípios são duas espécies de normas. Todo sistema necessita de princípios ou os valores que eles exprimem como os da *liberdade*, da igualdade e fraternidade... Nesses princípios se condensam as opções políticas, nucleares e se reflete a ideologia inspiradora da Constituição.[18]

Na perspectiva de que possa o Brasil correr o risco da transformação do Estado em razão do autoritarismo através da ruptura do regime democrático, uma plêiade de juristas de formações diversas lançou um manifesto em defesa do que nominaram "ameaça à democracia", conclamando para a mobilização e vigília para que essa iniciativa não se consuma, conforme texto veiculado pelos meios de divulgação do país, nestes termos:

> [...] Na condição de ser racional, portanto pertencente a um mundo inteligível, o homem só pode pensar a causalidade de sua própria vontade

---

[18] CANOTILHO, J. J. Gomes. Estado de direito deve garantir liberdade individuais, diz Canotilho. *Revista Conjur*, São Paulo, 04 out. 2018. Disponível em: https://www.conjur.com.br/20181-out-04/estado-direito-garantia-liberdades-individuais5-10-2018.

mediante a idéia da liberdade; pois a independência das causas determinantes do mundo sensível [...] é liberdade. Com a idéia de liberdade estão inseparavelmente ligados o conceito de autonomia e o princípio universal da moralidade, que serve de fundamento à idéia de todas as ações de seres racionais assim com a lei natural serve de fundamento a todos os fenômenos.[19]

[...] a idéia normativa de um ancoramento do Estado de direito na formação da vontade comunicativa de seus cidadãos deve servir unicamente como um guia que permite mensurar empiricamente até que grau os órgãos estatais cumpriram a tarefa que lhes foi atribuída, mas considerando que essa diretriz há muito foi historicamente institucionalizada e nessa medida tem efeitos de legitimação. [...] Com o intuito de considerar o Estado moderno, em razão de suas condições de legitimação, um "órgão" ou uma corporação encarregada da implementação prática de resoluções democraticamente negociadas, temos um instrumento que nos possibilita determinar as oportunidades de realizar a liberdade social na esfera da atividade de Estado.[20]

O Brasil, entretanto, caminha em campos opostos ao construir e solidificar uma *burocracia infernal* como herança dos esforços das oligarquias que comandam a delinquência política. Esqueceu-se, ao adotar a cultura do positivismo jurídico, da proteção dos cidadãos ameaçados em sua incolumidade física, porque à mercê de efeitos das mazelas cometidas pela máquina estatal e de produzir normas para se autoproteger das pessoas e dos agentes que o representam.

De maneira alguma, o sistema concebido de forma distorcida pode se afastar do modelo de proteção e de garantias assegurado a todos pela Constituição da República. A intolerância que se instala e cada vez mais se acentua está conduzindo o país para o reinado do medo ao professar o ideário da inquisição. Essa aproximação perigosa se configura quando se percebem no conteúdo dos processos judiciais nítidas evidências pelo desprezo à substancialidade das defesas deduzidas no plano jurisdicional.

Nem se diga que o poder possa ir além dos limites aos quais se circunscrevem dentro do ordenamento jurídico. Não é um corpo que ocupa espaço fora do controle e do alcance do seu verdadeiro

---

[19] Idem, p. 65.
[20] Idem, p. 586-587.

raio de ação. Não configura salvo-conduto para o cometimento de arbitrariedade contra os cidadãos. Ninguém, a pretexto disso, há de exercê-lo de forma exacerbada e, portanto, fora da vigilância judiciária. Diante dessa constatação, torna-se necessário resgatar, antes que seja tarde, o Estado Democrático de Direito concebido pelos constituintes de 1988, que contou com a participação efetiva de vários segmentos da comunidade nacional.

Os Estados constitucionais modernos, que, segundo sua ideia institucionalizada, têm a obrigação de incluir todos os cidadãos nos processos de formação da vontade democrática, em sua legislação continuam dependentes de um acordo relativamente limitado, que, mediado pelo parlamento, se dá entre elites econômicas, partidos burgueses e o governo.[21]

3.5 A democracia republicana como governo do povo

Para determinar o sentido da expressão *democracia*, Norberto Bobbio assegura que ele deita suas raízes no processo histórico, devido à dimensão de seu conteúdo substantivo. Para o jurista italiano, há uma convergência de três tradições que retratam o pensamento político que empresta densidade ao seu significado no plano conceitual de sua teoria contemporânea.

Nessa linha de intelecção para justificar o seu ponto de vista, o jurista italiano invoca as teorias clássicas, a medieval e a moderna, bem assim os aspectos particulares com os quais se identificam sua ideologia, seu modo de atuação e seus ideais, em suas diversas formas democráticas, republicanas e monárquicas no perpassar do tempo e da história.[22]

Conforme Norberto Bobbio:

> a) A teoria clássica... A democracia, como Governo do Povo de todos os cidadãos, ou seja, de todos aqueles que gozam o direito de cidadania, se distingue da monarquia, como governo de poucos; b) A teoria

---

[21] HONNETH, Alex. *O Direito da Liberdade*. São Paulo: Martins Fontes, 2015. p. 597.
[22] BOBBIO, Norberto. DEMOCRACIA. *Dicionário de política*. In: BOBBIO, Norberto; MATTEUCCI, Nicola; PASQUINO, Gian Franco (Org.). Brasília: Ed Unb, 1986. p. 319-320.

medieval, de origem romana apoiada na soberania popular, na base da qual a contraposição de uma concepção ascendente a uma concepção descendente de soberania conforme o poder supremo deriva do povo e se torna representativa ou deriva do principio e se transmite de delegação superior para o inferior; c) A teoria moderna conhecida como teoria de Maquiavel, nascida com o Estado moderno na forma das grandes monarquias, segundo o qual as formas históricas de Governo são essencialmente duas: A monarquia e a república e a antiga democracia nada mais é que uma forma de república (a outra é a aristocracia) onde se origina o intercambio característico do período pré-revolucionário entre ideais democráticos e ideais republicanos e o Governo genuinamente popular é chamado em vez de democracia de república.[23]

Ainda para o autor antes citado:

b) A democracia dos modernos é o Estado o qual a luta contra o abuso de poder é travada paralelamente em duas frentes – contra o poder que parte do auto em nome do poder que vem de baixo e contra o poder concentrado em nome do poder distribuído.[24] Por outro lado, os regimes políticos em razão dos poderes exercidos, segundo Friedrich Muller Monárquico, aristocracia e politéia – quando o poder político é exercido em favor da comunidade como um todo, tirania, oligarquia e democracia – quando a finalidade perseguida pelos governantes tem sua vantagem particular.[25]

De certa forma, a interpretação vinculada ao Estado Democrático nem sempre se refere ao diálogo fecundo e construtivo em razão de agasalhar a aristocracia e a politeia. Essa faceta, porém, torna-se realidade "quando o poder político é exercido em proveito da comunidade como um todo, e a tirania, oligarquia e a democracia quando a finalidade perseguida pelo governo é a sua vontade particular".[26]

Não se pode negar que a democracia no Brasil sempre foi exercida pela classe política à sombra dos Estados oligárquicos governados pelos caciques, à sombra dos partidos políticos cujos critérios constitutivos de currais eleitorais são dominados pelo poder econômico.

---

[23] Idem, p. 319-320.
[24] BOBIO, Norberto. *O futuro da democracia*. São Paulo: Paz e Terra, 2000. p. 73.
[25] MULLER, Friedrich. *Quem é povo? A questão fundamental da democracia*. São Paulo: Revista dos Tribunais. p. 16-17.
[26] Idem. p. 17.

E isso faz prosperar o nepotismo, arrasado no terreno familiar. Essa é uma característica inconfundível de como se desenvolve o caráter político em torno da esfera familiar, portanto, particular.

3.6 Democracia e abuso de poder

Desenganadamente, o Estado moderno distingue-se do plano da historicidade pela sua posição no concerto das nações civilizadas. Detentor do monopólio da violência e da titularidade do poder e da normatividade, não pode se furtar dos seus exercícios em prol da sociedade, devendo se reger por uma pauta que encontre convergência com a democracia republicana a fim de viabilizar o Estado de Bem-Estar Social.

Assim como há a possibilidade de uma interpretação injusta decorrente de uma interpretação equivocada, aqui não se pode encontrar a figura de um crime. De outra sorte, também uma lei poderá ser considerada injusta por nela não se detectarem os predicamentos do bem comum, como aduz Nicolas Israël:

> A lei impositiva encontra, pois a fonte da sua justiça em sua aptidão para assegurar o bem da comunidade, assim como em capacidade para conduzi-los ao bem que lhe és próprio para lhe propor uma existência virtuosa.[27]

Aprofundando o sentido da expressão *justiça legal*, vê-se que esta configura o conjunto das condições objetivas que outorgam aos cidadãos a possibilidade de realizar os fins inseridos em sua natureza. Conforme ainda o autor antes referido,[28] o justo nessa perspectiva é tudo que contribua para a edificação do humanismo.

Seja qual for a aptidão da lei produzida pelo homem, esta deve sempre buscar a sua realização no convívio da vida social. Não pode se furtar do atendimento aos fins sociais como fundo maior de seus objetivos intrínsecos e, nessa linha, perseverar os

---

[27] ISRAËL, Nicolas. *Genealogia do direito moderno*: o estado de necessidade. São Paulo: WMF Martins Fontes, 2009. p. 5.
[28] Idem. p. 5.

legisladores em homenagem à confiança que o povo neles depositou. Para resolver a *quaestio juris*, o juiz mergulha no mundo dialético, tendo como pressuposto o direito que se espraia pelo mundo real. Apesar do poder de que é dotado, o Estado não pode proceder antijuridicamente, sob pena de responsabilidade.

Por assim dizer, as virtudes autoritárias do governo federal põem em risco a democracia em razão de seus reflexos negativos nas políticas econômicas e sociais. As medidas adotadas no campo econômico, o desmonte das instituições federais de ensino superior, bem como a censura do pensar e ensinar acadêmico, dão a demonstração cabal dessa assertiva. Nunca se viu tão bisonho método de governar, em que os atores do governo transparecem não ter qualquer compromisso com a gestão educacional.

Apesar da preocupação com tal forma de governar e das advertências fartamente circulantes na sociedade civil, transparece claro que há uma pressão no sentido de esvaziar os processos democráticos no contexto da política enviesada, professada pelos líderes com ela descomprometidos. Há uma consciência de que não se pode permitir que o retrocesso se instale no país em detrimento do conjunto da sociedade que aspira tempos em que a liberdade prevaleça em todos os sentidos e formas.

Com efeito, ninguém detém o monopólio da verdade, mas há de se realçar que as frequentes contradições do mundo contemporâneo impõem uma tomada séria de posição em busca do avanço que ela vem empreendendo no curso da história com vistas a reverter esse quadro sombrio que atormenta a vida cotidiana em face de sua prejudicialidade.

Democracia acima de tudo em homenagem à liberdade e igualdade do homem com a reversão de tomada de posição contrária à civilidade. Deve-se perseguir o caminho da solidariedade como exemplo de respeito à dignidade da pessoa humana. Fora disso, é a barbárie, a instalação do reino da discórdia incompatível com o sentimento pleno ao lhe conferir a dimensão no concerto da realidade factual em que o homem é o centro do universo.

Para Hugo Mattei e Laura Nader:

> Assim, a liberdade e a propriedade para os ricos, com seus exagerados padrões de consumo e desperdícios, só se tornam possíveis por meio

de esforços conscientes de evitar a libertação dos poderes e dos que não possuem direitos civis ou privilégios.[29]

O que se observa, portanto, é que essas invasões no *campi* das universidades é fruto do obscurantismo de uma ideologia que alimenta a retórica a serviço da manutenção da ordem pública; dessa forma, tentar afastar o seu caráter de autoritarismo, colocando, em razão disso, o Estado de Direito em xeque, porque, no caminho dessa encruzilhada, essa postura esdrúxula não se compatibiliza com os foros de civilidade que devem nortear as relações entre os poderes republicanos.

Os variados segmentos da sociedade brasileira contribuíram para a elaboração da Constituição de 1988 através de sua participação em uma Assembleia Nacional Constituinte. Não resta dúvida que ela garante os direitos e liberdades fundamentais dos cidadãos, assegurando, assim, o pluralismo preconizado pelo direito em toda a sua plenitude.

3.7 O Estado e a liberdade substantiva

Para Reinhold Zippelius, a democracia direta depende do povo a fim de realizar plenamente os seus desígnios; portanto, exige:

> Além dum razoável conhecimento das relações jurídicas, econômicas, sociais e diplomáticas, também uma maturidade política notável das massas populares. Porquanto: esta forma de Estado possibilita a influência mais directa de influxos políticos e jurídicos demográficos sobre o povo.[30]

Por outro lado, transparece claro que a soberania e, sobretudo, a força desta configuram de modo crítico a característica substancial do poder do Estado com seu feixe de competências significativas. Tal aspecto, em razão do poder constituinte, é "capaz de demolir os fundamentos jurídicos da ordem constitucional".

---

[29] MATTEI, Ugo; NADER, Laura. *Pilhagem*: quando o estado de direito é ilegal. São Paulo: WMF Martins Fontes, 2013. p. 41.
[30] ZIPPELINS, Reinhold. *Teoria geral do Estado*. 2. ed. Lisboa: Fundação Calouste Gulbenkian, 1984. p. 85-86.

Nesse ponto, verifica-se que o Estado não detém somente um poder de fato, "mas simultaneamente um poder organizado juridicamente de modo a constituir um sistema de competências legais".[31] Daí estar acima de outros poderes, que, verdadeiramente, são meras funções do Estado (legislativa, judiciária e administrativa).

Com efeito, cabe ao povo decidir pelo seu destino através do exercício do voto, como bem adverte o autor antes citado, pois:

> A soberania do povo também beneficia da decisiva "divide et impera". Por isso é que o instinto político seguro dos povos amantes da liberdade se mostra sempre favorável à presença de uma oposição poderosa e, além disso, à substituição temporária de uns por outros partidos no poder.[32]

Ao dissertar sobre a liberdade pelo ângulo constitutivo e instrumental, Amartya Sen assevera que:

> As liberdades substantivas incluem capacidades elementares como por exemplo ter condições de evitar privações como a fome, a subnutrição, a morbidade evitável e a morte prematura, bem como as liberdades associadas a saber e fazer cálculos aritméticos, ter participação política e liberdade de expressão etc.[33]

De maneira que não podem ser cerceados os direitos dos cidadãos de se pronunciarem publicamente, reivindicando que seja garantido o seu direito legítimo por eleições livres, com liberdade de expressão – precisamente as coisas que os defensores do autoritarismo não permitem que aconteçam. De acordo com o Amartya Sen:

> Os direitos políticos e civis dando às pessoas oportunidade de chamar a atenção eficazmente para necessidades gerais e exigir ação pública apropriada. A resposta do governo ao sofrimento intenso do povo frequentemente depende da pressão exercida sobre esse governo, é nisso que o exercício dos direitos (votar, criticar, protestar etc.) pode

---

[31] ZIPPELINS, Reinhold. *Teoria Geral do Estado*. 2 ed. Lisboa: Fundação Calouste Gulbenkian, 1984. p. 85-86.
Idem. p. 72.
[32] Idem. p. 94.
[33] SEN, Amartya. *Desenvolvimento como liberdade*. São Paulo: Companhia das Letras, 2010. p. 55.

realmente fazer diferença. Essa é uma parte do papel "instrumento" de democracia e das liberdades políticas.[34]

3.8 Estado de Direito

Miguel Reale, ao focar as fontes e modelos do direito para um novo paradigma hermenêutico, assim se expressa quanto à questão da liberdade:

> Sob o prisma do imperativo da liberdade, que implica sempre uma exigência de pluralidade ou pluralismo, mister é distinguir o que na cultura burguesa constitui uma estimativa conjuntural, perecível ou insustentável pela emergência de novas circunstancias históricas, e as atitudes axiológicas que representam a garantia de valores que transcendem as mutações temporárias havidas.[35]

José Joaquim Gomes Canotilho assevera:

> O Estado de direito aproximar-se-á a um Estado de justiça se incorporar princípios e valores materiais que permitam aferir do caráter justo ou injusto das leis, da natureza justa ou injusta das instituições e do valor ou desvalor de certos comportamentos. Ninguém é justo ou injusto sozinho. O mundo, ele próprio, repousa sobre três pilares que os sábios reconduzem à verdade, à justiça, e a concórdia. Só assim terão sentido afirmações como "isto é justo, isto é injusto", "não há justiça", "vivemos no mundo de injustiça". Mas o que é justiça? A pergunta já foi formulada há mais de dois mil anos e a ela procuram responder as teorias da justiça.[36]

Segundo Léon Duguit, em seu clássico livro *Fundamentos do direito*:

> Os Homens que detêm o poder são submetidos ao direito e a eles ligados. O estado está submetido ao direito; e segundo a expressão germânica: "Rechtsstaat" um estado de direito. O estado de direito é um sujeito de

---

[34] SEN, Amartya. *Desenvolvimento como liberdade*. São Paulo: Companhia das Letras, 2010. p. 199.
[35] REALE, Miguel. *Fontes e modelos do direito*: para um novo paradigma hermenêutico. São Paulo: Saraiva, 1994. p. 26.
[36] CANOTILHO, José Joaquim Gomes. *Estado de direito*. Lisboa: Gradiva, 1999. p. 41.

direito. Os elementos constituintes dessa natureza são a coletividade, o território que ocupa e o governo que a representa.[37]

Para Jacques Derrida, em seu estudo *Força de lei*:

> O direito não é justiça. O direito é o elemento do cálculo, é justo que haja um direito, mas a justiça é incalculável ela exige que se calcule o incalculável; e as experiências aporéticas são experiências tão improváveis quanto necessárias da justiça, isto é, momentos em que a decisão entre o justo e o injusto nunca é garantida por uma regra. [...]
> O dogmatismo obscuro que marca o discurso de um réu, seu estado mental, o caráter passional, premeditado ou não, de um crime os incríveis depoimentos de testemunhas "experts" acerca desses itens bastariam para testar, na verdade para provar, que nenhum rigor crítico ou critériológico, nenhum saber são acessíveis a esse respeito.[38]

---

[37] DUGUIT, Léon. *Fundamentos do direito*. São Paulo: Ícone, 1996. p. 53.
[38] DERRIDA, Jacques. *A força de lei*. 2. ed. São Paulo: WMF Martins Fontes, 2010. p. 30, 48-49.

CAPÍTULO IV

O DIREITO DA LIBERDADE E SUAS DIVERSAS CONOTAÇÕES

> *Idealmente, a esfera pública constitui-se como um reino da liberdade. Sobre esse foco, tudo se manifesta como é, tudo se torna visível, nada é secreto. As luzes da razão iluminam o palco. O bem comum, a coisa pública e o objeto do debate são acessíveis a todos, ao conjunto da cidadania.*
>
> (PALMERO, Maria José Guerra. *No sentido de que Habermas aposta na democracia*)

4.1 As ideias concebidas pelos filósofos antigos e modernos

Há discrepâncias entre as concepções de liberdade engendradas nas épocas antiga e moderna. O primeiro a estabelecer o traço distintivo entre o conceito de liberdade no período antigo e no moderno foi, segundo Celso Lafer, Benjamin Constant em 1819, em uma conferência em que colocou em evidência a relevância da então concebida liberdade individual, contrapondo-a com o sentido de liberdade, que, segundo ele, somente teve proeminência na antiguidade clássica.

Para ter elementos que permitam compreender o sentido da evolução do conceito de liberdade enquanto condição individual própria da atividade clássica até a mudança no período moderno, em que a liberdade passa a ser parte integrante da condição do exercício da coletividade, faz-se necessário um passeio envolvendo alguns dos mais importantes pensadores gregos até a modernidade. As mudanças na modernidade sofrem a influência do engendramento da concepção de Estado e a superação do teocentrismo, no qual se insere *o sentido da liberdade vinculado às normas*.

Dentro desse raciocínio, tem-se, em primeiro plano, que o conceito de liberdade socrático guarda identidade com autodomínio, ou seja, é a capacidade racional do homem de dominar seus instintos, o que lhe dá condições de exercer sua liberdade. Por consequência, o homem somente é livre quando se distancia das paixões e dos malefícios do mundo material, ou seja, a aquisição da liberdade está diretamente associada à obtenção da máxima socrática: conhece-te a ti mesmo. Ao alcançar tal patamar, a liberdade é conquistada.

Por sua vez, Platão, coadunando-se com sua teoria da dualidade do mundo e por entender que o homem só é livre quando alcança a ideia de bem, considera exercer a liberdade como consequência do livre arbítrio, o que será sempre algo de natureza inferior, sendo uma mera sombra da verdadeira liberdade. A verdade encontra-se fora do mundo material, plenificando-se no mundo das ideias. Somente assim é possível falar de liberdade em face de sua obtenção plena do mundo ideal, como engendrado na filosofia platônica. Nessa perspectiva, como o mundo material não alcança a plenitude, a liberdade do homem no contexto do mundo material configura-se apenas como uma caricatura do mundo das ideias.

Para Aristóteles, a liberdade é o princípio para escolher entre alternativas possíveis, realizando-se como decisão e ato voluntário. A inteligência, então, inclina a vontade para uma direção, mas não a obriga, nem a constrange. Então, para o filósofo, o homem só seria feliz se pudesse fazer uso de todas as suas capacidades ao realizar ações voluntárias. O homem só será livre se se guiar pela razão, e ela será ética quando o exercício da vontade estiver em harmonia com a direção apontada pela razão. Aristóteles assegura que um indivíduo só é responsável pelo seu ato, ou seja, a sua ação só será voluntária se a sua causa primeira for interna e se os seus atos emanarem da sua própria vontade ou se a sua ação não for consequência da sua ignorância. Então, o homem é responsável não só pelo fim que se propõe a seguir, mas também pela forma como age para atingir esse fim.

O pensamento da Idade Moderna sofreu forte influência do Renascimento e do Iluminismo, e isso trouxe uma nova visão racionalista do homem e da realidade cambiante na medida em que a visão teológica foi substituída por uma visão racionalista do homem e da realidade. Nessa linha, a liberdade passa a ser entendida como exercício de livre arbítrio, porque cada sujeito passa a ser dono de seu próprio destino.

Além disso, com o advento do Estado moderno, a liberdade foi erigida ao patamar de direito universal, contemplando, assim, todos os cidadãos. Em decorrência disso, ocorreram os primeiros movimentos em direção à conquista da individualidade humana enquanto direito a merecer a devida proteção pelas constituições democráticas e, consequentemente, caminhando na persecução da felicidade inerente à própria natureza humana.

Por conseguinte e, em contrapartida, subjacente ao discurso das liberdades individuais, a modernidade concorreu para estabelecer um hiato entre a sociedade e o indivíduo. Entretanto, apesar de representar um pleito legítimo de afirmação da individualidade, no início levou a uma alienação política em razão de seus reflexos negativos no âmbito do coletivo.

Nessa fase, entre o Renascimento e a consolidação da Idade Moderna, os filósofos que se destacaram na formulação de uma concepção de direito e de liberdade são os seguintes: Francis Bacon, Thomas Hobbes, Jean-Jacques Rousseau, Montesquieu, John Locke, René Descartes, Immanuel Kant, entre outros.

Em sua obra *Leviatã*, Thomas Hobbes registra, de modo indelével, o seu esforço para esboçar um gama de conhecimentos referidos pela natureza da vida humana em sociedade, consagrada em função de seu conteúdo substantivo, elevando-a à categoria de ciência política. Nessa linha, adentrando pelo campo da liberdade, reverberou que:

> Nós possuímos por natureza uma pletora de poderes e habilidades, e a liberdade é o exercício desimpedido destes. Por meio de uma cuidadosa exposição do que entendido por entre "Liberdade", Hobbes é capaz de distinguir ocasiões em que somos livres daqueles em que não somos ainda assim, mantendo que tudo o que é compatível com a necessidade causal universal é frequentemente denominada de entre "determinismo suave", ou simplesmente de compatibilismo.[39]

---

[39] HOBBES, Thomas. *Leviatã*. Rio: Martin Claret, 2008. p. 166.

Do ponto de vista de Thomas Hobbes, a concepção de liberdade deriva das ações voluntárias do homem com o qual mantém uma relação de causalidade. É obvio que nesse sentido busca realçar a questão da necessidade, na medida em que a vontade do ser humano emana da liberdade que ganha no âmbito filosófico as mais variadas significações "que tenham causado impressões mais diferentes na mente humana, do que a palavra liberdade", segundo o referido pensador [...].[40]

Tal concepção tem correlação direta com a premissa básica de onde partiu Hobbes: o homem formalizava um pacto concreto com o Estado, dando-lhe a prerrogativa de controlar o espírito belicoso do homem e, assim, garantir o convívio, contendo o espírito de competição inerente à própria natureza humana, o que implicaria verdadeiro estado de guerra.[41]

Justamente por isso, aventou a exequibilidade da instituição de um poder que fosse suscetível a conter o estado de guerra provindo da individualidade. Com vistas à consecução desse desiderato, surgiria o Estado para controlar ou mesmo atenuar o espírito belicoso do ser humano. Nessa perspectiva, os cidadãos abdicavam de suas prerrogativas, transferindo seu poder ao governante para manter a ordem pública.[42]

Aduz ainda que, no regime democrático, o povo transparece agir do modo que melhor lhe aprouver; assim, em governos nos quais imperem as leis, a "liberdade pode consistir apenas no poder de fazer aquilo que devemos querer, em não ser reprimidos de fazer o que não devemos querer".[43]

E acrescenta:

> A necessidade de todas as ações voluntárias dos homens... A liberdade e a necessidade são compatíveis... As ações que os homens fazem voluntariamente, por derivarem de sua vontade, derivam da liberdade; e, no entanto, como todo ato da vontade do homem, todo desejo e inclinação derivam de alguma causa, e esta de uma outra causa, numa cadeia continua cujo primeiro elo está na mão de Deus, a primeira de

---

[40] Idem.
[41] Idem.
[42] Idem.
[43] Idem. p. 166.

todas as causas, eles derivam da necessidade. De modo que para aquele que pudesse ver a conexão dessas causas pareceria evidente.[44]

Já para John Locke (1632-1704), a liberdade tinha uma conotação política, visto ser ela exercida tanto no plano político quanto no civil, levando-o a afirmar que, "onde não há lei, não há liberdade".[45] Para ele, a sociedade não retira a liberdade dos indivíduos, mas a normatiza. Ele entendia que a liberdade deveria ser garantida por leis promulgadas pelo legislativo, em consenso com a comunidade.

Por conseguinte, o Estado configura um ente autônomo, assim pensado com o objetivo maior de atuar como uma instância capaz de se contrapor à parcialidade dos julgamentos realizados ao bel-prazer dos interesses inconfessáveis dos governantes. Dessa maneira, estes seriam escolhidos pelos cidadãos, os quais delegariam poderes de gestão ao Estado a fim de garantir os direitos e garantias individuais inscritos no pacto social, nomeadamente à liberdade e à propriedade. As leis devem preservar o seu caráter intrínseco de generalidade e, dessa forma, não ser produto da vontade de um soberano, posto não comungar com o absolutismo e, sobretudo, o poder inato, como a monarquia.

A filosofia política de Locke é vastamente conhecida por meio de seus dois tratados do governo civil. O segundo capítulo desse estudo inicia-se com a declaração de que todos estão, por natureza, no estado de liberdade perfeita. As pessoas são livres "para realizarem suas ações, disporem de suas posses e de si mesmas, de modo como julgam ser adequado, no interior dos limites traçados na Lei da Natureza, sem pedir licença ou depender da vontade de qualquer outro homem".[46]

E arremata o raciocínio aduzindo que:

> Os homens assumem contrato uns com os outros para formar um corpo político, que preserva a lei natural e os direitos naturais da vida, da liberdade e da propriedade. Se o regulador desta sociedade viola os

---

[44] Idem.
[45] LOCKE, John. *Segundo tratado sobre o governo*. São Paulo: Martin Claret, 2002.
[46] COLLINSON, Diane. *50 Grandes Filósofos*. Tradução Mauricio Waldemar e Bia Costa. São Paulo: Contexto, 2004. p. 118.

direitos dos indivíduos ou busca a obtenção do poder absoluto, então as pessoas podem exercer o direito de afastá-lo.[47]

Com mesma linha de intelecção, Clarence Morris aprofunda a discussão em torno das ideias de John Locke, asseverando que, nesse caso, ao falar de seus tratados do governo civil, o referido filósofo inglês toma como parâmetro a Lei da Natureza, condicionada à existência humana, nestes termos:

> Com base na "lei da natureza" o Governo envolve leis, sendo que a liberdade absoluta significa que cada um livre para fazer o que lhe agrada, porque "as liberdades do sujeito são garantidas pela lei comum". A liberdade situa-se então entre "os poderes humanos", ao lado do seu próprio corpo, como a inquietude, o entendimento, a lei e a sociabilidade. Daí que, nessa conseqüência, a liberdade não é só meio, mas condição da existência humana: condição e fundamento da verdadeira felicidade.[48]

Para John Stuart Mill, o conflito entre liberdade e autoridade tem como traço determinante os fragmentos colhidos da história. Em tempos remotos, todavia, esse desentendimento se verificava entre *súditos e o governo*. Desse modo, a liberdade caracteriza uma "proteção contra a tirania dos governantes e políticos".[49]

Mill acrescenta o seguinte:

> Mas existe uma esfera de ação na qual a sociedade, diferente do indivíduo, tem apenas um interesse indireto, quando tem abrangendo toda aquela porção da vida e conduta de uma pessoa que afeta apenas ela mesma ou, se também afeta outros, afeta apenas com sua participação e consentimento livre, voluntário e sem engano... Essa é, então, a região apropriada da liberdade humana. Ela abrange, primeiro, o domínio interior da consciência, exigindo liberdade de consciência no sentido mais abrangente; liberdade de pensamento e sentimento; [...] Pode parecer que a liberdade de expressar e publicar opiniões está incluída num princípio diferente, visto que pertence àquela parte da conduta de um indivíduo que diz respeito a outras pessoas mas, sendo de quase tanta importância quanto a própria liberdade de pensamento, e

---

[47] Idem.
[48] FRANÇA, Limongi (Coord.). *Enciclopédia Saraiva do Direito*. São Paulo: Saraiva, 1977.
[49] Idem. p. 382.

baseando-se em grande parte nas mesmas razões, ela é praticamente inseparável desta.[50]

Jean-Jacques Rousseau (1712-1778) entendia que se faz necessário para a efetivação da liberdade que haja um pacto social para que o indivíduo mantenha sua liberdade. Esse pacto deveria ser fruto da vontade geral. O povo faria parte do processo de elaboração das leis e do cumprimento delas. Seria um ato de liberdade criá-las e obedecê-las.[51]

Por sua vez, não duvidava da bondade do ser humano; entretanto, achava que era alvo fácil da corrupção que graça no seio da sociedade civil. Na sua acepção, o povo é quem detém a soberania, pois o governante não constitui nada mais do que seu representante, de quem recebe delegação para agir em seu nome.

Nesse ponto, o Estado estrutura-se em razão do pacto celebrado entre os cidadãos, que, renunciando a sua individualidade, contribuíam para promover a vontade geral. No plano político, ele considerava a democracia um fator importante, elegendo-a como direta e representativa – esta supondo a escolha de pessoas para agirem em nome de toda a população no processo de gerenciamento das atividades comuns do Estado, e aquela, a participação de todo o povo na hora de tomar uma decisão.

Para Montesquieu, inexiste liberdade nos países onde a constituição não cuida da separação dos poderes. Dessa forma, "onde o Poder Judiciário está reunido ao Legislativo, a vida e a liberdade estarão seriamente comprometidas" e, sobretudo, em consequência, ficarão expostas ao arbítrio, tanto mais "porque, então o juiz seria o legislador". Nessas condições, "onde ele está reunido ao poder executivo, o juiz pode comportar-se com violência e opressão". Dentro desse ponto de vista, assevera que:

> A liberdade filosófica consiste no livre exercício da vontade; ou pelo menos, se devemos falar de acordo com todos os sistemas, na opinião de que gozamos do livre exercício da vontade. A liberdade política consiste na segurança, ou pelo menos na opinião de que desfrutamos de segurança.[52]

---

[50] Idem. p. 385.
[51] Idem.
[52] Idem. p. 168.

Na modernidade, cabe destacar também a posição de René Descartes (1596-1650),[53] que afirmava a liberdade do homem ser resultante da possibilidade de ele escolher fazer ou não alguma coisa sem ser coagido por força exterior. Na visão cartesiana, a liberdade é o ato de saber avaliar bem todas as alternativas disponíveis. Para Descartes, age com mais liberdade quem melhor compreende as alternativas que precedem uma escolha. Descartes, a rigor, tem duas definições de liberdade, sendo que, na primeira, acentua, na constituição da essência da liberdade, o poder de escolha entre dois contrários, o poder de afirmar ou negar aquilo que o entendimento apresenta como um conteúdo determinado.

A segunda definição, por um lado, destaca a espontaneidade de agirmos sem qualquer constrangimento externo como constitutivo da essência da liberdade, mas, por outro lado, alija de sua constituição a indiferença na escolha de um ou outro de dois contrários. Dessa forma, no primeiro caso, ser livre consiste num poder de, diante de qualquer ideia proposta pelo entendimento, podermos simplesmente dizer "sim" ou "não", ao passo que, no segundo caso, ser livre, propriamente, significa agir segundo determinada inclinação, sem que sejamos indiferentes entre um e outro de dois contrários.[54]

Na discussão sobre liberdade, Kant separou o momento em que o homem, por meio da razão, encontra a resposta para a atitude que deverá tomar em determinada situação (momento legislador) do momento em que escolhe se agirá de acordo ou não com a resposta racional encontrada (momento do arbítrio). Assim, é relevante, para Kant, compreender que ainda que existam dois momentos diferentes, o arbítrio humano só será considerado livre se for conforme os ditames da razão legisladora, pois, quando age determinado por outro impulso, a ação humana não pode ser considerada livre, vez que isso implicaria dizer que o homem não agiu conforme a razão e não determinou sua própria lei.

De Rousseau a Hegel, porém, a persecução da liberdade resulta da luta contrária a determinada forma de legitimidade, como se vê:

---

[53] Idem.
[54] Idem.

[...] A busca de liberdade envolve uma luta contra essa forma de "legitimidade" – contra a doutrina jurídica que atribuía valor intelectual a essas instituições sociais. Ao torna-se "moderna", a doutrina jurídica invalida a razão corporificada nas instituições sociais pré-modernas – uma luta que é a força constitutiva da liberdade. Contudo, se essa liberdade converter-se em subjetividade exuberante – se, em outras palavras, a modernidade vier a torna-se apenas uma massa de indivíduos com suas diferentes perspectivas, nenhuma liberdade verdadeira será possível. Nenhuma liberdade verdadeira seria possível porque não haveria como chegar a um acordo sobre o que constituiria os fatos morais da modernidade, e tampouco haveria um modo absolutamente seguro de separar o bem do mal, do moral do imoral. Nesse caso, o direito não poderia nem garantir a liberdade nem constituir o mecanismo facilitador de uma modernidade livre. [...][55]

Para Espinoza (1632-1677), a liberdade possui um elemento de identificação com a natureza do "ser". Nesse sentido, ser livre significa agir de acordo com sua natureza. É mediante a liberdade que o homem se exprime como tal e em sua totalidade. Esta é também, enquanto meta dos seus esforços, a sua própria realização. Tendemos a associar a fruição da liberdade a uma determinação constante e inescapável.

Entretanto, consoante observa Antônio Cortês ao fazer uma reflexão sobre a "releitura do legalismo iluminista e do pensamento normativista do século XX", a lei aprovada pelo soberano como ideia não tinha expressão filosófica, assinalando que:

A ideia da "lei" como mera norma jurídica positiva aprovada pelo poder soberano não tinha qualquer tradição filosófica de peso ao seu favor. Não tem mesmo sequer nos autores realmente apontados como base filosófica do legalismo novecentista como Montesquieu, Rousseau ou Kant nenhum deles defendia obediência à lei positiva. A sua preocupação: não era a "Lei" mas, sim, o Homem.[56]

---

[55] Idem. p. 204-205.
[56] Cf. CORTÊS, Antônio: em Rousseau, os mecanismos da democracia eram, fundamentalmente, um meio prático para prevenir o abuso de aprovar leis que servissem aos interesses particulares em vez da utilidade pública. A democracia era a forma de garantir o bem comum, ou seja, de garantir os direitos individuais decorrentes da *liberdade* e da igualdade inscritos também numa lógica comunitária mais ampla (*Jurisprudência dos princípios*: ensaio sobre os fundamentos da decisão jurisdicional. Lisboa: Universidade Católica Editora, 2010. p. 44-48).

4.2 A liberdade e os desígnios democráticos

Liberdade significa o direito de agir segundo o seu livre arbítrio, de acordo com a própria vontade, desde que não prejudique outra pessoa. É a sensação de estar livre e não depender de ninguém. Ela é classificada pela filosofia como a independência do ser humano, o poder de ter autonomia e espontaneidade. A liberdade é um conceito utópico, uma vez que é questionável se realmente os indivíduos têm a liberdade que dizem ter, se com as mídias ela realmente existe ou não.

Nesse contexto, destaca-se a liberdade de expressão como a garantia e a capacidade dada a um indivíduo, permitindo-lhe expressar as suas opiniões e crenças sem ser censurado. Apesar disso, estão previstos alguns casos em que se verifica a restrição legítima da liberdade de expressão, como, por exemplo, quando a opinião ou crença tem o objetivo discriminar uma pessoa ou grupo específico através de declarações injuriosas e difamatórias.

Com origem no termo em latim *libertas*, a palavra liberdade também pode ser usada em sentido figurado, podendo ser sinônimo de ousadia, franqueza ou familiaridade.

A liberdade também pode consistir na personificação de ideologias liberais. Faz parte do lema *Liberdade, Igualdade e Fraternidade*, criado em 1793, para expressar valores defendidos pela Revolução Francesa, uma revolta que teve um impacto enorme nas sociedades contemporâneas e nos sistemas políticos da atualidade.

No âmbito da ética, a liberdade está relacionada com responsabilidade, uma vez que um indivíduo tem todo o direito de ter liberdade, desde que essa atitude não desrespeite ninguém, não passe por cima de princípios éticos e legais. Desse modo, liberdade é o conjunto de direitos de cada indivíduo, seja ele considerado isoladamente ou em grupo, perante o governo do país em que reside; é o poder que qualquer cidadão tem de exercer a sua vontade dentro dos limites da lei.

É bem provável que não se possa estabelecer com rigor os contornos do vocábulo *liberdade*, devido, sobretudo, ao seu caráter polissêmico. O que se busca, porém, é promover seu estudo à luz da teoria do direito, fazendo incursão no campo político com o qual guarda relação de pertinência. Assim, o seu caráter de ambiguidade serve para compreender suas concepções nos domínios do conhecimento e da ação, tendo em vista o seu conteúdo indeterminado.

Não se pode negar, entretanto, que o esforço empreendido no campo jurídico, visando apreender seu conteúdo, é deveras louvável, decerto "o que constitui fenômeno notável e quiçá uma demonstração da aparência natural do homem para a liberdade".[57] Reafirmo as minhas convicções na democracia, que se caracteriza como a essência do Estado de Direito e o caminho para a convivência do homem em sociedade nos termos político e jurídico.

Há, por isso, necessidade de ser conquistada, porquanto não encerra apenas uma "outorga de um poder",[58] mas uma assunção individual que implica autoconsciência e possibilidade de luta.[59] Constitui, assim, um valor fulcrado na dignidade inerente à condição que a liberdade encerra como contrapartida no plano objetivo dos direitos e garantias proclamados pelo ordenamento jurídico constitucional.

Com toda razão, Paul Valéry, citado por Huisman, afirma:

> *Liberté: c'est um de ces détestables mots qui ont plus de valeur que de sens; qui chantent plus qu'ils parlent; qui demandent plus qu'ils ne répondent; de ces mots qui ont fait tous lês métiers, et desquls la mémoire est barbouillée de théologie, de Métaphysique, de Moral el de Politique; mots três bons pour la controverse, la dialectique, l'éloquence; aussi propres aux analyses illusoires et aux subtilités infinies qu'aux fins de phrase qui déchaînent Le tonnerre.*[60]

Apesar do aparato judiciário que os julgadores dispõem para proferir suas decisões, ainda assim levam em conta diversas fontes com vistas à sua fundamentação; dentre elas, cumpre assinalar as legais, as doutrinárias e as jurisprudenciais. Acrescentam-se ainda valores e princípios, tendo em vista a pluralidade do direito.

---

[57] CUNHA, Paulo Ferreira da Cunha. *Res Pública*: ensaios constitucionais. Coimbra: Almedina, 1998.
[58] Idem. p. 21.
[59] Idem. p. 21.
[60] HUISMAN, Bruno; SALEM, Jean. *Les Philosophes el la Liberté*. Paris: Editions Bruno Hisman, 1982. p. 2.

Há, portanto, no plano das liberdades públicas, a necessidade de capitalização, no plano eleitoral, de cumprir os desígnios da democracia sem, todavia, tolher o direito de liberdade que confere segurança na escolha dos membros eletivos do Poder Legislativo. O respeito ao postulado da separação dos poderes deve ser observado a todo custo.

É evidente que, durante o período reservado à propaganda dos candidatos que concorreram ao mandato popular, seu *modus operandi* se regula pela Lei nº 9.504/97, art. 37. Dessa maneira, os comportamentos inadequados não serão tolerados. Assim, poderão ser reprimidos pelos tribunais eleitorais, se estes entenderem que incorreram em abuso do poder econômico.

A vedação estabelecida no referido prescritivo legal e seus parágrafos visa assegurar a lisura do pleito eleitoral, de tal sorte que enumera situações que podem comprometer o princípio da isonomia. Dessa forma, garante livre pensar, a expressão do plexo de atividades inerentes ao labor humano, bem como manifestar-se em reuniões.

Nessa linha de intelecção, a Suprema Corte de Justiça do país, em sede de ação da Arguição de Descumprimento de Preceito Fundamental nº 548, do Distrito Federal, reconheceu que:

> Ao impor comportamentos restritivos ou impeditivos do exercício daqueles direitos as autoridades judiciais e policiais proferiram decisões com eles incompatíveis. Por estes atos liberdades individuais civis e políticas foram profanadas em agressão inaceitável ao princípio democrático e ao modelo de Estado de Direito erigido e vigente no Brasil. [...] suspender os efeitos de atos judiciais ou administrativos, emanados de autoridade pública que possibilite, determine ou promova o ingresso de agentes públicos em universidades públicas e privadas, o recolhimento de documentos, a interrupção de aulas, debates ou manifestações de docentes e discentes universitários, a atividade disciplinar docente e discente e a coleta irregular de depoimentos desses cidadãos pela prática de manifestação livre de ideias e divulgação do pensamento nos ambientes universitários ou em equipamentos sob a administração de universidades públicas e privadas e serventes a seus fins e desempenhos.[61]

---

[61] Medida cautelar na Arguição de Descumprimento de Preceito Fundamental nº 548, Distrito Federal.

4.3 Liberdade e seu caráter de pluralidade

O vocábulo *liberdade*, derivado do latim *libertes*, tem, segundo Nicola Abbagnano, "três significados fundamentais, correspondentes a três concepções que se sobrepuseram longo de sua historia". Nesse sentido, cabe fazer um resumo de sua narração a respeito do seu ponto de vista sobre a matéria desenvolvida no seu prestigiado *Dicionário de filosofia*.

Segundo Nicola Abbagnano,[62] a questão propriamente dita acerca da liberdade em termos conceituais tangencia dois aspectos da mais alta relevância: a autodeterminação ou autocausalidade. Tal definição implica essência de condições ou de limites na formulação de sua concepção filosófica, sendo esta primeira a que alinha as outras duas dimensões do problema, que envolvem o conhecimento em torno da premissa básica de sua estrutura fundamental.

Nessa perspectiva, a segunda dimensão diz respeito às implicações relacionadas ao campo da necessidade de determinante de sua função na mesma perspectiva e sobre o ponto de vista de integração. Ou seja, que se baseia no mesmo sentido da precedente na visão externada no sentido em que comporta dentro dos parâmetros ali assentados.

Como se vê, caminha de igual modo pela senda da autodeterminação, porém, atribuindo a ela um caráter quantitativo, isto é, à totalidade a que o ser humano pertence. Nessas condições, arrola outros elementos da mais alta significação para o seu desate. Assim, vinculando-se às questões de mundo, substância e Estado, tais elementos propiciam estabelecer alguns traços distintivos em três dimensoes que lhes são sutis.

As chamadas instituições estratégicas da "L", como liberdade de pensamento, de consciência, de imprensa, de reunião etc., têm o objetivo de garantir aos cidadãos a possibilidade de escolha no domínio científico, religioso, político e social. Portanto, os problemas

---

[62] ABBAGNANO, Nicola; BOBBIO, Norberto. DEMOCRACIA. *Dicionário de política*. In: BOBBIO, Norberto; MATTEUCCI, Nicola; PASQUINO, Gianfranco (Org.). Brasília: Ed. Unb, 1986. p. 319-320.

da "L" no mundo moderno não podem ser resolvidos por fórmulas simples e totalitárias.[63]

Há vários tipos de liberdade; dentre eles, cumpre destacar: de pensamento, de expressão, de reunião, de comunicação, de ensinar e de aprender. Todavia, interessa a este estudo a liberdade de pensamento e de expressão no ambiente das universidades públicas. Com efeito, dirige-se ao caso das universidades públicas do país que foram invadidas por policiais sob o pretexto de que estavam em período eleitoral, fazendo política através de materiais de propaganda nos seus mais variados formatos de comunicação.

Por sua vez, o conceito de liberdade não demanda apenas a busca do seu significado no plano das formalidades, pois insuficientes para determinar seu significado. Ele pressupõe um processo que exige, antes de tudo, uma maturação maior em torno de sua compreensão; ela, por se inserir na práxis republicana para sua *performance* e conectividade com a justiça, com a qual deve guardar a harmonia para o sucessão de sua missão.

O termo *liberdade* não se restringe à compreensão específica de determinada questão no campo da filosofia do direito, a um conteúdo que se revele pela sua unicidade. Do contrário, abarca várias situações em razão de seu diversificado campo de abrangência. Daí o seu caráter de pluralidade ao se desdobrar em tipos diversos que compõem as chamadas liberdades públicas, envolvendo, assim, vários aspectos na sua delimitação conceitual.

A partir disso, pode-se enumerar, dentro de sua tipologia: liberdade de pensamento, de expressão, de aprender, de ensinar e outras vinculadas aos meros objetivos. Como se observa, portanto, a liberdade insere-se num contexto que caracteriza a sua autonomia de tal sorte garantida pela Constituição. Ora, o caso vertente cuida exatamente disso, ou seja, do direito de liberdade no ambiente universitário, de modo que o sistema nacional de educação não tolera qualquer intromissão dos poderes públicos visando introduzir crença ou ideologia capaz de cercear a livre manifestação do pensamento dos corpos discentes e docentes. Advirta-se que a censura não se compraz com o

---

[63] Idem. p. 320.

processo democrático do ensino sem peias, assegurando pela lei a Constituição para atender os caprichos dos que não sabem conviver em um regime regido pelo direito.

A discussão no plano filosófico em torno do tema liberdade é recorrente, tanto porque ser livre é condição *sine qua non* para o exercício da cidadania em toda a sua plenitude. Daí ter o ser humano como elemento central de suas preocupações desde a antiguidade clássica até os dias atuais. Com efeito, as abordagens dispensadas à temática têm variado de acordo com cada pensador à luz do seu fundamento ético-moral.

Por se tratar de termo polissêmico, não há como se estabelecer um sentido uniforme capaz de esgotar o entendimento correto de seu conteúdo. Suscita, portanto, dúvidas em razão de interpretações que não possam oferecer a dimensão que ostenta no mundo jurídico. Na verdade, como parte da condição humana, ela reúne, quanto à sua extensão, várias denominações tipológicas no plano individual ou coletivo, o que demonstra à sua autonomia vários significados. Por exemplo, na teoria inglesa, liberdade significa independência; na francesa, autogoverno; na alemã, autorrealização.

Nessa linha de intelecção, pode-se falar em face de seu caráter de abrangência em liberdades públicas, aqui incorporando seu sentido com independência, autogoverno e autorrealização, como professado pelos países europeus antes citados. E quanto aos tipos: liberdade de pensamento, liberdade de ir e vir, da liberdade autodeterminação, da liberdade de ensinar e de aprender. Enfim, da própria liberdade para exercer a própria liberdade individual e coletiva.

Quanto à questão da autonomia, José Guilherme Merquior aduz que:

> A primeira materialização da autonomia é a liberdade de opressão como interferência arbitrária. Consiste na fruição livre de direitos estabelecidos e está associada a um sentido de dignidade. É uma velha e, na verdade, imemorial e universal espécie de sentido e comportamento. Filósofos políticos (por exemplo) distinguem, com frequência, um conceito clássico democrático de liberdade. No conceito liberal liberdade significa *ausência de coerção*. No conceito democrático, *significa autonomia*, o poder de autodeterminação.[64]

---

[64] MERQUIOR, José Guilherme. *Liberalismo*: antigo e moderno. Rio de Janeiro: Ed. Nova Fronteira, 1991.

4.4 Reflexão e estudo sobre liberdade

Não se pode negar, em quaisquer circunstâncias, que o direito se sobressai na preferência dos juristas como um instrumento para melhorar sua adequação da convivência humana e sua liberdade. Entretanto, acredita na justiça e na liberdade, sem a qual não há direito, nem paz, nem justiça. Para José Hermano Saraiva, o importante é que "direito, justiça, paz, liberdade não são *slogans* que se aprendem na rua, mas conceitos filosóficos cuja verdade só se atinge através da reflexão e do estudo".[65]

O referido autor, ao estabelecer a correlação da sociedade e do Estado, entende que o homem vive em sociedade. A existência humana apresenta-se historicamente resultante da organização social e, todavia, o homem não se confunde com a sociedade; é um ser dotado de consciência própria e, como ser espiritual, aspira a autonomia da vontade. Assim sendo, a vocação da pessoa é a verdade, e a da sociedade é a organização.

Assevera, ademais, louvando-se no ensinamento do Padre Suarez, que, na Idade Média, o pensamento grego tinha como tese o "valor da pessoa e das inverdades" e que cumpre "ao Estado garantir uma esfera de liberdade que permita aos indivíduos a plena realização de seus fins essenciais".[66] Assim, as investigações das finalidades do direito constituem o ponto central da filosofia jurídica, posto que *transpareça* que ela esteja "aos serviços de uma ideia da justiça".[67]

A liberdade guarda com o sentimento uma das facetas da inteligência, de sorte que esse entrelaçamento dá um sentido de grandeza ao homem em razão de sua sensação permanente de ser livre. A dimensão moral que permeia essa interação entre liberdade e sentimento demonstra, de forma cabal, que a formulação do pensamento dialético basta como compromisso de preservação das liberdades públicas no qual ele se acha imbricado, de maneira que os cidadãos gozem de relativa autonomia, moldada pela vontade

---

[65] SARAIVA, Hermano. *O que é o direito? A crise do direito*. Lisboa: Gradiva, 2009. p. 246.
[66] Idem. p. 143.
[67] Idem. p. 55.

de preservar os valores cultivados pela sociedade em razão do seu poder criador. Por isso, Jesús Ignacio Martínez García enumera as liberdades que considerou, no seu modo de ver, como básicas:

> Mucho más tarde El neocontractualismo de ravis, através de los personajes de la posición de libertades básicas: la liberdade política (El derecho a votar ya desempeñar puestos públicos) y la liberdad de expresión y de la reunión; la libertad de conciencia y de pensamiento; la liberdad persone que incluye la liberdad frente a la presión psicológica...

Por pensamento, há de se considerar os elementos consubstanciados no conjunto compreendido no campo documentário, dos fatos e das ideias. Dessa perspectiva, pode-se retirar a seiva do seu significado e a sua importância referida à questão da liberdade. Esta, porém, cumpre o seu papel histórico de atuação, progredindo no sentido de proteger os direitos fundamentais.

Justamente por isso que:

> O lesado por factos praticados pelo juiz no exercício da função jurisdicional podia optar por intentar a acção de indenização contra este ou por demandar o Estado ou os dois, conjuntamente {...} e acrescenta: constitui ainda culpa grave a prolação de uma decisão relativa à liberdade de uma pessoa fora dos casos permitidos pela lei ou sempre que não contenha a motivação, isto é, quando falte explicação das razões porque determinadas maneiras gerais e abstratas convocadas se aplicam.[68]

Para Eugen Ehrlich, citado por Morrison, o foco central da evolução do ordenamento jurídico reside na legislação, e não na ciência ou na decisão judicial, mas no seio da própria sociedade, conforme se depreende de seu ponto de vista abaixo esposado:

> [...] no momento presente, bem como em qualquer outro tempo, o centro de gravidade do desenvolvimento jurídico reside não na legislação, nem na ciência jurídica, nem na decisão judicial, mas sim na própria sociedade. Essa frase contém talvez a substancia de toda tentativa de exprimir o fundamento da sociologia do direito.[69] [...] O processo dominante na vida é a mudança – o desenvolvimento –, e não algum

---

[68] PEREIRA, João Aveiro. *A Responsabilidade Civil por Actos Jurisdicionais.* Coimbra: Coimbra Editora, 2001. p. 81-84.
[69] Idem. p. 443.

modo estático de ser. Considera-se, portanto, que *os textos aristotélicos sobre a vida humana têm por base uma narrativa teleológica ou intencional da natureza humana: tudo, na natureza, tem um "fim" específico de alcançar, ou uma função a cumprir. O cosmo é teleológico em sua estrutura.*[70]

E acrescenta em suas ponderações a propósito do assunto aqui questionado no sentido de que o homem é parte na formação do Estado:

> [...] O homem livre participa da criação política das leis, é parte da livre formação do Estado. O direito é um instrumento da ordem, mas de uma ordem livre e natural: "que todos mandem em cada um, e cada um, por sua vez, mande em todos". Assim, poderíamos dizer, o direito é em última análise uma subseção da política, e a filosofia jurídica uma subseção da filosofia política. [...][71]

> [...] O homem cria sua vida a partir de atos livres. Se o determinismo físico dominar o homem, nenhuma liberdade de ação e, portanto, nenhuma moralidade, será possível. A liberdade é um pré-requisito absoluto para que qualquer ato seja considerado moral; Sant Tomás afirma que um ato só é humano se for livre. A liberdade implica o conhecimento de alternativas e a capacidade de escolher entre elas. [...][72]

Gerardo Pisarello, em virtude da importância a que atribui a liberdade, toma o conceito de *liberdade* sob uma perspectiva da *dignidade* da pessoa humana, enfatizando ainda que se trata de uma tomada de posição contra as condições opressivas. Nesse aspecto, entende que os termos guardam certa relação de conectividade, na medida em que servem de "elemento central" capaz de justificar o fortalecimento dos direitos fundamentais, como se pode notar no seguinte trecho de seu discurso linguístico:

> *El principio de dignidad, o, si se prefiere, la rebelión contra la imposición de condiciones opresivas o humillantes de vida, constituye un elemento central en las justificaciones modernas de los derechos fundamentales. La aceptación o discursiva Del rechazo a La opresión y de La igual consideración o dignidad*

---

[70] MORRISON, Wayne. *Filosofia do Direito*: dos gregos ao pós-modernismo. São Paulo: Martins Fontes, 2012. p. 49.
[71] Idem. p. 57.
[72] Idem. p. 78.

> *de todas las personas se presenta, de hecho, como un presupuesto obligado de cualquier discusión democrática en torno a los derechos fundamentales. (...) El principio de dignidad, por lo tanto, estaría conectado a La satisfacción de aquellas necesidades que permiten perseguir libremente fines y planes de vida propios y participar en la construcción de la vida social.*[73]

Acrescenta, ainda, aduzindo que a questão relacionada com a distinção entre direitos de igualdade e de liberdade suscitou durante a Guerra Fria acirrados debates em torno do seu conteúdo. Em razão disso, houve necessidade de se estabelecerem pactos separados no plano internacional, ou seja, dos direitos econômicos, sociais e culturais (PIDESC) e dos direitos civis e políticos (PIDCP), ambos de 1966, conforme o autor antes referido.[74]

> *Una vez que el principio de dignidad se postula como fundamento de los derechos de la persona, la interdependencia e indivisibilidad entre los civiles, políticos, sociales y culturales resulta obligada. La distinción entre derechos de igualdad y derechos de libertad, en realidad, fue dominante durante la guerra fría, a tal punto que cuando se decidió consagrarlos en el ámbito internacional, se aprobaron dos Pactos separados, el de los derechos económicos sociales y culturales (PIDESC), y el de los derechos civiles y políticos (PIDCP), ambos de 1966. p. 41-42.*[75]
>
> *Aunque se ha querido plantear una contradicción de fondo entre estas dos vertientes de la libertad, es posible pensarlas como elementos complementarios del concepto más amplio de libertad fáctica o real, cuyo núcleo incluye la protección de derechos sociales. (...) La libertad positiva, precisamente, estaría estrechamente ligada al derecho no ya a no ser interferido (...) la libertad fáctica o real, y con él la satisfacción de todos los derechos civiles, sociales y políticos, podrían considerarse ligados a inmunidades negativas y a facultades positivas.*[76]

4.5 Substancialidade e complexidade da liberdade

O substancial, todavia, é a liberdade de *expressão* dentro da complexidade que desvela o seu conteúdo no plano da informação. No respeitante à mídia, esta não deve servir de pano de fundo para

---

[73] PISARELLO, Gerardo. *Los derechos sociales y sus garantias elementos para una reconstrucción.* Madrid: Editoral Trotta S.A., 2007. p. 39.
[74] Idem. p. 41-42.
[75] Idem. p. 41-42.
[76] Idem. p. 43.

prática da discórdia e, sobretudo, fomentar ódio e a manipulação da massa. Assim, enquanto a liberdade de imprensa tem sede na Constituição, essa exerce controle sobre a mesma como também pune os excessos cometidos pelos seus detratores.

O que se combate de maneira veemente pelos que se sentem ofendidos em sua honorabilidade não é a liberdade de imprensa. Tampouco *censurar* as informações ou notícias ou qualquer outro meio de comunicação à sociedade. Agora há de se entender que as mentiras subscritas pelos órgãos em questão não podem ser aceitas com naturalidade, porque a honra do cidadão está acima de tudo.

Por conseguinte, incorre verdadeiramente em abuso do direito de informação porque este não detém caráter absoluto, mas relativo. Dessa forma, é legítima a postulação em sede jurisdicional no sentido de buscar a reparação dos danos morais causados pela imprudência ou mesmo de má-fé dos detentores da dignidade da pessoa humana, tão cara ao cidadão de bem.

É justamente por isso que a Constituição Federal cuida da tutela das liberdades ao proporcionar meios indicados para sua reparação. Isso não impede, entretanto, que, mesmo configurando a liberdade um direito fundamental, não possa se apurar o nível de responsabilidade daqueles que atuam fora dos parâmetros da legalidade, da justiça e da razoabilidade.

Não se tem absolutamente qualquer dúvida de que a liberdade de imprensa encontra ressonância no ordenamento jurídico, posto assentado no ápice do texto constitucional. Daí merece o destaque do direito fundamental pela importância que reveste no seio da cidadania a ponto de ser erigida a condição de instrumento suscetível de contribuir para o aperfeiçoamento da democracia.

Com efeito, não foi sem razão que a Assembleia Geral da Organização das Nações Unidas (ONU) escolheu o dia 3 de maio como comemorativo do Dia Mundial da Liberdade de Imprensa.

Como se observa, diante da permissão aqui levantada que ganha consistência na sua formação que dá relevo à questão posta, a liberdade de imprensa concorre por tornar transparente o modo de opinar e de informar no universo dos fatos e das ideias dentro de sua ética profissional.

Por conseguinte, cabe à imprensa cumprir o seu papel primordial de informar ao seu público as notícias do cotidiano, expurgando as mentiras do seu conteúdo. Sua missão é, sem dúvida, veicular quanto possível a mensagem contributiva de modo a satisfazer o público atingido por sua mensagem.

4.6 Liberdade de ensino

O direito ao ensino e à educação é um pressuposto dos direitos humanos. Tanto é assim que a Declaração Universal dos Direitos do Homem, proclamada pela Assembleia Geral das Nações Unidas em 1948, alude a um e a outros como instrumentos para promover o respeito a esses direitos e liberdades.

No ano de 1959, quando se travou na Câmara Federal caloroso e intenso debate em torno do projeto de diretrizes e bases da educação, vimos minorias ideológicas se oporem tenazmente, em nosso país, à tese favorável ao ensino livre, esquecidas de que em países em que constituem maioria defendem encarniçadamente posição contrária. Em boa hora, porém, surgiu a "declaração em defesa da educação", firmada por numeroso grupo de professores, educadores militantes e intelectuais de São Paulo e de outras unidades da Federação.[77]

O Manifesto de 1959 é também uma versão da história. Ele expressa um ponto de vista da história com o qual os seus signatários se envolviam, contemplado desde um mirante muito próprio, mas não necessariamente comum entre eles. Uma nota esclarece que o documento foi elaborado quando da tramitação da Lei de Diretrizes e Bases da Educação Nacional (Lei nº 4.024) no Congresso Nacional.

Outra nota atribui a autoria a Fernando de Azevedo e, ao seu término, constam quase duas centenas de assinaturas, dentre as quais muitas também se encontram no Manifesto de 1932 (Reconstrução Educacional no Brasil, 1932). O texto em pauta reivindica o princípio de liberdade e o dever como justificativas para apresentar e submeter ao julgamento público os pontos de vista sobre problemas graves e complexos, como os da educação.

---

[77] ROMANELLI, O. O. *Historia da educação no Brasil – 1930/1973*. Petropólis: Vozes, 1987. p. 179.

Posiciona-se como uma nova etapa no movimento de reconstrução educacional, considerando ainda o Manifesto de 1932, mas agora com a solidariedade dos educadores da nova geração. Deseja ser menos doutrinário, mais realista e positivo, mas mantendo a mesma linha de pensamento daqueles educadores anteriores.

É possível detectar um progressismo conservador, como definido adiante, que deixava um pouco de lado a preocupação de afirmar os princípios da Escola Nova para, acima de tudo, tratar do aspecto social da educação, dos deveres do Estado Democrático e da imperiosa necessidade de não só cuidar o Estado da sobrevivência da escola pública, como também de efetivamente assegurá-la a todos.[78]

O vigoroso documento termina com uma afirmação que não podia constituir libelo mais veemente contra o monopólio estatal da educação e a defesa da liberdade de ensino. Essa declaração resume conceitos e define posições que, a nosso ver, fundados na Declaração Universal dos Direitos do Homem, interpretam, sem desvios totalitários, autêntica doutrina democrática de quantos consideram a tarefa de educar uma obra de amor e respeito à vocação transcendente de personalidade. Conectividade entre a LDBEN com a Constituição em seus aspectos filosóficos.

Trata-se de assunto que invade a área de competência da União a quem é atribuída a iniciativa para dispor sobre a regulação de normas gerais de maneira privativa. Assim, sob pena de quebrar a harmonia entre os entes federativos, não cabe aos estados e muito menos aos municípios legislar acerca de matéria de caráter universal, por isso que suscetível de uma intervenção adequada em termos de diretrizes compatíveis com o sistema nacional de educação.

Tanto isso é verdade que, em 1996, atendendo ao comando da regra consubstanciada no texto constitucional, foi editada a Lei nº 9.394, de 20.12.1996, regulando o assunto, conhecida como Lei de Diretrizes e Bases da Educação Nacional. Tal resulta da maior importância na medida em que guarda consonância com o regime democrático e a ele se vincula.

No caso vertente, infere-se que esse comportamento no sentido de subverter a ordem jurídico-constitucional constitucional não

---

[78] Idem.

encontra amparo em outro dispositivo da Constituição Federal: art. 206. Este veicula os valores abstratos e os princípios que devem nortear a educação, tendo como referencial o processo de aprendizagem.

Não é razoável a invasão de universidades para impedir a livre manifestação das ideias dos corpos docente e discente nas suas dependências. Então, além da apreensão de panfletos e outros materiais de propaganda da campanha eleitoral, sob vigilância severa e censura aberta, tentou-se impor a lei do silêncio em detrimento do direito da liberdade de ensinar e aprender sem qualquer limitação de ordem moral.

Por conseguinte, as decisões dos juízes eleitorais pecaram por excesso de zelo, porque fora dos parâmetros da legislação que rege a matéria. Afinal, a democracia não é um símbolo desprovido de valor, mas, sobretudo, um ideal e, portanto, deve ser exaltada; aliás, tem assim se manifestado o povo brasileiro, como se depreende da pesquisa realizada com esse objetivo.

Com base na "lei da natureza", o governo envolve leis, sendo que a liberdade absoluta significa que cada é um livre para fazer o que lhe agrada, porque "as liberdades do sujeito são garantidas pela lei comum". A liberdade situa-se, então, entre "os poderes humanos", ao lado do seu próprio corpo, como a inquietude, o entendimento, a lei e a sociabilidade. Daí que, nessa consequência, a liberdade não é só meio, mas condição da existência humana: condição e fundamento da verdadeira e felicidade.[79]

4.7 Liberdade de pensamento e de expressão

"Os direitos de liberdade de pensamento e de expressão estão tão intimamente ligados à natureza do ser humano, que a sua perda e limitação abusiva os tornariam inferiores e os privariam de sua dignidade. Estes direitos são para o homem uma garantia de que ele não será um objeto ou um joguete nas mãos de poderes estranhos, e sim que ele, enquanto sujeito, enquanto ser independente, tem a possibilidade de fazer frente aos desejos e às exigências de outros

---

[79] FRANÇA, Limongi (Coord.). *Enciclopédia Saraiva do Direito*. São Paulo: Saraiva, 1977.

homens {...}. Somente os homens podem expressar livremente o que pensam quando estão em condições de, uns com os outros, examinar as suas opiniões e, se for necessário, criticá-las e complementá-las. Uma sociedade que não conhece a *liberdade de expressão* abala as suas raízes intelectuais, culturais e históricas."[80]

A liberdade de expressão, nesse sentido, é também a garantia de uma ordem social estável, capaz de se adaptar progressivamente – e sem revolução – à evolução social e econômica. Graças à liberdade de expressão, as minorias podem ser entendidas e ouvidas a tempo. As informações relativas aos abusos e desenvolvimentos nocivos chegam em tempo hábil aos ouvidos das autoridades competentes.[81]

4.8 As liberdades garantidas pela Constituição não admitem retrocesso

Nunca é demais salientar que aqui se vive sob a égide de um Estado Democrático de Direito celebrado pela sociedade civil, constitutiva do Poder Constituinte. Numa sociedade equilibrada, não cabe a imposição de uma ideologia unitária calcada na intolerância e plasmada em uma concepção inquisitorial, característica própria do autoritarismo, a vicejar que se instale quando encontrar um ambiente propício para a sua disseminação.

Ao invés da liberdade, imperava o reinado do medo. É o que se vê na atual conjuntura do país, em que as pessoas estão sujeitas ao espetáculo consubstanciado em diretrizes processuais nas quais os julgadores condenam sem provas, e outros violam os segredos dos escritórios de advogados e tentam impedir de qualquer forma o direito de defesa, como se estivessem em um Estado de exceção.

O Estado não pode extrapolar de tal modo a caminhar para o perigoso campo totalitarista, que, segundo Miguel Reale, atenta contra "as formas de vida, subtraída a liberdade criadora a cada uma das expressões da existência humana". Por essa razão, aduz

---

[80] FLEINER-GESTER, Thomas. *Teoria Geral do Estado*. São Paulo: Livraria Martins Fontes Editora Ltda., 2006. p. 152.
[81] Idem. p. 153.

em forma de advertência que as "decisões do legislador devem se subordinar aos imperativos da liberdade e da democracia".[82]

Para Ludwig Von Mises, "a idéia de liberdade tornou-se arraigada em todos nós que, por muito tempo, ninguém ousou colocá-lo em questão. As pessoas se acostumaram a falar de liberdade com a maior reverência".[83]

Entretanto, o direito de autodeterminação de que falamos não é o direito de autodeterminação das nações, mas, antes, o direito de autodeterminação dos habitantes de todo território que tenha tamanhos suficientes para formar uma unidade administrativa independente. Se, de algum modo, fosse possível conceder esse direito de autodeterminação a toda pessoa individualmente, assim teria sido.[84]

Como se denota, o processo da liberdade tem, ao longo do tempo, revelado suas características próprias, que decorrem de sua natureza plural, como ressalta Amartya Sen:

> La pluralidad de aspectos de la liberdad también puede ser enfecada e identificada de otras formas la liberdad para lograr loque uno razonablemente quiere de factores, que pueden tener relevancia variable para diferentes conceptos de liberdad.[85]

De maneira que as liberdades públicas alcancem várias situações consignadas diretamente pela Constituição. Dessa forma, de maneira geral, os entes das soberanias judiciária, legislativa e executiva não podem se sobrepor aos direitos, liberdades e garantias assegurados pela Constituição.

Nessa linha de intelecção, a liberdade de pensamento, de modo especial, não poderá ter sua suspensão determinada pelos referidos órgãos no que toca ao exercício de tais direitos, salvo nos casos excepcionais do estado de defesa, de sítio ou de emergência declarados com observância dos dispositivos constitucionais que regem a matéria em questão.

Ninguém detém o monopólio da verdade, por isso é que se deve recorrer ao debate, pois, só através dele, a sociedade

---

[82] REALE, Miguel. *Liberdade e Democracia*. São Paulo: Saraiva, 1987. p. 15.
[83] MISES, Ludwig Von. *Liberalismo segundo a tradição Clássica*. 2. ed. São Paulo: Instituto Ludwig Von Mises Brasil, 2010. p. 505.
[84] Idem. p. 129.
[85] SEN, Amartya. *La Idea de la Justicia*. Madrid: Tanrus Santillna Ediciones, 2010. p. 331.

progride. Assim, para Karl Popper, além do debate, torna-se "necessária à liberdade, segundo ele, é livre, quando toda opinião expressa pode ser submetida ao debate e à experimentação".[86] Dessa forma, não se pode silenciar os corpos docentes e discentes das universidades.

Para Juan Bautista Alberdi, citado por Mariano Grondona:

> A liberdade é a primeira necessidade do homem, porque consiste no uso e no governo das faculdades físicas e morais que recebeu da natureza para satisfazer as necessidades da vida civilizada, isto é, a vida natural por excelência. Então, liberdade é autogoverno.[87]

Como se vê, os atos jurisdicionais estão sujeitos ao controle de constitucionalidade, designadamente aqueles prolatados no âmbito da justiça eleitoral.

4.9 Liberdades no plano internacional: o caso da União Europeia

4.9.1 Exercício das liberdades na União Europeia

Importa salientar que a União Europeia (UE) configura, no plano de sua estrutura, organização e funcionalidade, um bloco de natureza política e econômica tendo como membros, até o momento, 28 países europeus, com sede na cidade de Bruxelas, capital da Bélgica. A reunião de tais países objetiva a realização de projetos de integração e desenvolvimento econômico de interesse de sua comunidade com reflexos em todo o mundo.

A criação da União Europeia se deu a partir da assinatura do Tratado de Maastricht, em 1992, cuja formação ocorreu por iniciativa dos países que formavam o Mercado Comum Europeu; em consequência, em 2009, todos os princípios que regem o bloco europeu passaram por revisão e aprovação do Tratado de Lisboa.

---

[86] POPPER, Karl. *Os paradoxos da soberania*. Rio de Janeiro: Contraponto, 2010. p. 22.
[87] GRONDONA, Mariano. *Os pensadores da liberdade*. São Paulo: Editora Mandarim, 2000. p. 29.

Nesse aspecto, a Corte Europeia dos Direitos do Homem, segundo François Rigaux:

> Pode exercer um controle que se assemelha muitíssimo a um controle de constitucionalidade, quando é alegado um conflito entre uma norma da Convenção e uma Lei ou uma decisão judiciaria estatais.[88]

Dentro desse mesmo raciocínio, o consagrado autor assevera que:

> As liberdades garantidas pela Constituição interna ou por um instrumento internacional de proteção dos direitos do homem são múltiplas e antinômicas. Nenhuma dentre elas salvo a intangibilidade da dignidade humana (art. 1.1GG) e os direitos que a Convenção Europeia declara intangíveis (art. 15), tem um valor absoluto ou um campo ilimitado. Em consequência, uma das primeiras funções da Corte Europeia dos Direitos do Homem é resolver esse tipo de conflitos de leis. O método geralmente praticado é o da ponderação dos interesses que se incorporam às normas concorrentes.[89]

4.9.2 As liberdades na Carta dos Direitos Fundamentais na União Europeia

Com vistas à consecução de seus objetivos no âmbito social, a União Europeia instituiu a sua *Carta de Direitos Fundamentais*, reunindo um conjunto de direitos pessoais, políticos, econômicos e sociais dos cidadãos referidos e ligados à sua comunidade. A Carta diz respeito às atribuições e competências emanadas dos textos constitucionais, bem como às obrigações assumidas pelos países da UE, consistentes em obrigações internacionais.

Como se observa, há um alinhamento com a proteção dos direitos humanos e das liberdades fundamentais. Em razão disso, o capítulo II do mencionado diploma normativo cuidou de estabelecer e disciplinar a matéria no plano dos direitos das liberdades por ele enumerados. Nessa perspectiva, deu destaque ao direito às

---

[88] RIGAUX, François. *Ob. Cit.* p. 286.
[89] Idem. p. 291-292.

liberdades públicas e à segurança. Dessa forma, vale a pena listar as liberdades consubstanciadas em regras que veiculam o conceito de cada uma delas.

PREÂMBULO DA CARTA

Os povos da Europa, estabelecendo entre si uma união cada vez mais estreita, decidiram partilhar um futuro de paz, assente em valores comuns.

Consciente do seu patrimônio espiritual e moral, a União baseia-se nos valores indivisíveis e universais da dignidade do ser humano, da liberdade, da igualdade e da solidariedade; assenta nos princípios da democracia e do Estado de direito. Ao instituir a cidadania da União e ao criar um espaço de liberdade, de segurança e de justiça, coloca o ser humano no cerne da sua acção. A União contribui para a preservação e o desenvolvimento destes valores comuns, no respeito pela diversidade das culturas e das tradições dos povos da Europa, bem como da identidade nacional dos Estados e da organização dos seus poderes públicos aos níveis nacional, regional e local; procura promover um desenvolvimento equilibrado e duradouro e assegura a livre circulação das pessoas, dos bens, dos serviços e dos capitais, bem como a liberdade de estabelecimento. Para o efeito, é necessário, conferindo-lhes maior visibilidade por meio de uma Carta, reforçar a protecção dos direitos fundamentais, à luz da evolução da sociedade, do progresso social e da evolução científica e tecnológica. A presente Carta reafirma, no respeito pelas atribuições e competências da Comunidade e da União e na observância do princípio da subsidiariedade, os direitos que decorrem, nomeadamente, das tradições constitucionais e das obrigações internacionais comuns aos Estados-Membros, do Tratado da União Europeia e dos Tratados comunitários, da Convenção europeia para a protecção dos direitos do Homem e das liberdades fundamentais, das Cartas Sociais aprovadas pela Comunidade e pelo Conselho da Europa, bem como da jurisprudência do Tribunal de Justiça das comunidades Européias e do Tribunal Europeu dos Direitos do Homem.

O gozo destes direitos implica responsabilidades e deveres, tanto para com as outras pessoas individualmente consideradas, como para com a comunidade humana e as gerações futuras.

Assim sendo, a União reconhece os direitos, liberdades e princípios a seguir enunciados.

CAPÍTULO II

LIBERDADES

Artigo 6º Direito à liberdade e à segurança: Todas as pessoas têm direito à liberdade e à segurança.

Artigo 10 Liberdade de pensamento, de consciência e de religião: 1. Todas as pessoas têm direito à liberdade de pensamento, de consciência e de religião. Este direito implica a liberdade de mudar de religião ou de convicção, bem como a liberdade de manifestar a sua religião ou a sua convicção, individual ou colectivamente, em público ou em privado, através do culto, do ensino, de práticas e da celebração de ritos. 2. O direito à objecção de consciência é reconhecido pelas legislações nacionais que regem o respectivo exercício.

Artigo 11 Liberdade de expressão e de informação: 1. Todas as pessoas têm direito à liberdade de expressão. Este direito compreende a liberdade de opinião e a liberdade de receber e de transmitir informações ou ideias, sem que possa haver ingerência de quaisquer poderes públicos e sem consideração de fronteiras. 2. São respeitados a liberdade e o pluralismo dos meios de comunicação social.

Artigo 12 Liberdade de reunião e de associação: 1. Todas as pessoas têm direito à liberdade de reunião pacífica e à liberdade de associação a todos os níveis, nomeadamente nos domínios político, sindical e cívico, o que implica o direito de, com outrem, fundarem sindicatos e de neles se filiarem para a defesa dos seus interesses. 2. Os partidos políticos ao nível da União contribuem para a expressão da vontade política dos cidadãos da União.

Artigo 13 Liberdade das artes e das ciências: As artes e a investigação científica são livres. É respeitada a liberdade acadêmica.[90]

TÍTULO VII

DISPOSIÇÕES GERAIS QUE REGEM A INTERPRETAÇÃO E A APLICAÇÃO DA CARTA

Artigo 51 Âmbito de aplicação 1. As disposições da presente Carta têm por destinatários as instituições, órgãos e organismos da União, na observância do princípio da subsidiariedade, bem como os Estados-Membros, apenas quando apliquem o direito da União. Assim sendo, devem respeitar os direitos, observar os princípios e promover a sua aplicação, de acordo com as respectivas competências e observando os limites das competências conferidas à União pelos Tratados.

2. A presente Carta não torna o âmbito de aplicação do direito da União extensivo a competências que não sejam as da União, não cria quaisquer novas atribuições ou competências para a União, nem modifica as atribuições e competências definidas pelos Tratados.

Artigo 52 Âmbito e interpretação dos direitos e dos princípios

1. Qualquer restrição ao exercício dos direitos e liberdades reconhecidos pela presente Carta deve ser prevista por lei e respeitar o conteúdo essencial desses direitos e liberdades. Na observância do princípio da proporcionalidade, essas restrições só podem ser introduzidas se forem necessárias e corresponderem efetivamente a objetivos de interesse geral

---

[90] C 364/10 PT Jornal Oficial das Comunidades Europeias 18.12.2000.

reconhecidos pela União, ou à necessidade de proteção dos direitos e liberdades de terceiros.

2. Os direitos reconhecidos pela presente Carta que se regem por disposições constantes dos Tratados são exercidos de acordo com as condições e limites por eles definidos.

3. Na medida em que a presente Carta contenha direitos correspondentes aos direitos garantidos pela Convenção Europeia para a Proteção dos Direitos do Homem e das Liberdades Fundamentais, o sentido e o âmbito desses direitos são iguais aos conferidos por essa Convenção. Esta disposição não obsta a que o direito da União confira uma proteção mais ampla.

4. Na medida em que a presente Carta reconheça direitos fundamentais decorrentes das tradições constitucionais comuns aos Estados-Membros, tais direitos devem ser interpretados de harmonia com essas tradições.

5. As disposições da presente Carta que contenham princípios podem ser aplicadas através de atos legislativos e executivos tomados pelas instituições, órgãos e organismos da União e por atos dos Estados-Membros quando estes apliquem o direito da União, no exercício das respetivas competências. Só serão invocadas perante o juiz tendo em vista a interpretação desses atos e a fiscalização da sua legalidade.[91]

6. As legislações e práticas nacionais devem ser plenamente tidas em conta tal como precisado na presente Carta.

7. Os órgãos jurisdicionais da União e dos Estados-Membros têm em devida conta as anotações destinadas a orientar a interpretação da presente Carta.

Artigo 53 Nível de proteção. Nenhuma disposição da presente Carta deve ser interpretada no sentido de restringir ou lesar os direitos do Homem e as liberdades fundamentais reconhecidos, nos respectivos âmbitos de aplicação, pelo direito da União, o direito internacional e as Convenções internacionais em que são Partes a União ou todos os Estados-Membros, nomeadamente a Convenção Europeia para a Proteção dos Direitos do Homem e das Liberdades Fundamentais, bem como pelas Constituições dos Estados-Membros.

Artigo 54 Proibição do abuso de direito. Nenhuma disposição da presente Carta deve ser interpretada no sentido de implicar qualquer direito de exercer atividades ou praticar atos que visem a destruição dos direitos ou liberdades por ela reconhecidos ou restrições desses direitos e liberdades maiores do que as previstas na presente Carta.

{...} O texto que precede retoma, adaptando-a, a Carta proclamada em 7 de dezembro de 2000 e substitui-a a partir da data de entrada em vigor do Tratado de Lisboa.

---

[91] C 202/404 Jornal Oficial da União Europeia 7.6.2016 PT.

Nessa linha, a Carta dos Direitos Fundamentais da União Europeia caracteriza-se como um refinado texto voltado para todas as pessoas residentes naquela comunidade da Europa, bem representada pelos seus membros do concerto político. Além das liberdades de todas as pessoas a ela dirigidas dentro da União Europeia, cuida igualmente da segurança com o capítulo II, o qual faz os desdobramentos das seguradas garantias de todos visado ao bem-estar de cada um como meta primordial constante dos seus objetivos ou, então, dos objetivos perseguidos.

O capítulo II da Carta de Direitos Fundamentais cuida, de maneira impecável, das liberdades públicas, tendo como preocupação geral de todas as pessoas residentes na União Europeia, não somente da liberdade, mas, sobremodo, da segurança, com um capítulo a ela dirigido. Esse direito é de primordial significação para o bem-estar que tem no homem a meta de seu raio de ação.

Nessa linha de intelecção, tratou igualmente das liberdades de pensamento, de consciência e de religião. Isso quer dizer que pode haver mudança de religião de acordo com a convicção de cada um sem que sofra limitação ao seu direto nela consagrado, seja individual, seja coletivamente nos planos públicos ou privados em razão da celebração escolhida de ritos.

Também a informação e a expressão consubstanciam o "pluralismo dos meios de comunicação social" que constituem o direito da personalidade de todos. Neles destacam-se a opinião e a veiculação de ideias. Tal coisa afasta a ingerência dos poderes públicos, os quais não detêm legitimidade para atuar em detrimento da difusão do pensamento.

A reunião e a associação na esfera pública e sindical inserem-se no contexto da liberdade como um direito assegurado a todos. Nesse plano, essa liberalidade contempla a possibilidade de criação de sindicatos para acolher filiados com vistas à defesa de seus interesses. Os partidos políticos devem ser livres, visando formar cidadãos com vistas a contribuir para construção e solidificação do processo democrático.

A liberdade da ciência e das artes foi contemplada na Carta como direito fundamental e, portanto, indispensável à consecução dos objetivos colimados. De sorte que as artes e as pesquisas científicas, igualmente, mereceram as mesmas considerações de atuarem sem qualquer embaraço, respeitada, para todos os efeitos, a atividade didático-pedagógica.

CAPÍTULO V

AUTONOMIA DAS UNIVERSIDADES

5.1 Autonomia universitária

O vocábulo *autonomia*, derivado do grego *autonomia*, é empregado para designar o "direito de se reger por suas próprias leis". Assim, segundo De Plácido e Silva, é aplicado a fim de "indicar precisamente a faculdade que possui determinada pessoa ou instituição em traçar norma de sua conduta", afastadas[92] quaisquer restrições de natureza contrária aos seus desígnios constitucionais.

Parte-se do pressuposto de que as IES são dotadas de autonomia e que, portanto, expedem regras não apenas para disciplinar matérias procedimentais, mas, sobremodo, contribuindo com a formação de um conjunto normativo bem estruturado, plasmado nas leis e na Constituição com as quais interagem. Portanto, têm liberdade para editar normas para seus processos eleitorais sem necessariamente serem surpreendidas com intervenções externas.

Estruturam seu modelo de gestão, fundado na *representatividade* e na *legitimidade*, dentro da matriz do direito administrativo, que tangencia seu campo de atuação em decorrência de sua condição de ente do Estado, e não de governo. É como descrito por Plácido e Silva, que enfatiza ser a autonomia "expressa independência, autonomia política, para, justamente, indicar a situação de independência em

---

[92] SILVA, De Plácido e. *Vocabulário Jurídico*. 28. ed. Rio de Janeiro: Forense – GEN, 2009. p. 173.

que se encontra a pessoa física ou jurídica relativamente aos aspectos econômico, financeiro ou político".[93]

Por justa razão, os atos praticados por dirigentes de autarquias ou mesmo fundações públicas expressam a vontade estatal, fazendo a sua vez no plano educacional, de maneira que não resta dúvida quanto à sua validade, tanto mais porque detém a mesma força normativa das leis, embora em escala menor. Ainda assim, não se pode negar a possibilidade de seu questionamento, seja no âmbito administrativo, seja no âmbito jurisdicional, e isto na hipótese de questionamento por aqueles que se julgarem prejudicados nas garantias e direitos assegurados pelo ordenamento jurídico.

Não se pode conceber a chamada autonomia universitária, aqui, compreendendo as IES senão a partir do plexo normativo que lhe dá sustentação. Nesse aspecto, sua estrutura e funcionalidade se dão através dele como indispensável à regulamentação de seus órgãos constitutivos aos quais são atribuídas as competências vinculadas a cada um deles.

Por conseguinte, a base de sua concepção organizacional assenta no estatuto, regimento geral e resoluções e instruções normativas nos quais são disciplinadas as decisões dos conselhos universitários, sendo o primeiro sobre assuntos de ensino, pesquisa, extensão e assuntos estudantis, e o segundo tratando do registro das decisões de natureza política de repercussão geral.

Com efeito, toda matéria que reúne o complexo das regras atinentes aos assuntos acadêmicos constitui a autonomia da universidade, sem a qual sua missão seria prejudicada. Cabe ainda dizer que, além da letra da Constituição, na medida em que trilha o caminho é que se empresta legitimidade a esse conjunto de normas e densidade às suas ações.

O nosso modo de vida focado na dignidade intrínseca da humanidade vai muito do iluminismo transcendental plasmado no pluralismo assentado na diversidade cultural, nos direitos e garantias individuais, sobressaindo-se, nesse plano, os valores e princípios apanágios dos direitos humanos aptos a perseverarem na realização do bem comum como aspiração da sociedade.

---

[93] Idem. p. 173.

Portanto, a questão no contexto histórico deve, pois, ser equacionada no plano político devido à importância de que se reveste. Dessa forma, as IES merecem ser tratadas com a seriedade que impõe sua grandeza, bem como ser dotadas de autonomia plena para elaborar seu orçamento-financeiro de acordo com as necessidades de recursos ditados pelas suas demandas.

Como se denota, essa ingerência do Ministério da Educação e do governo federal tem afetado o trabalho de tais instituições, impedindo-as que cumpram suas obrigações determinadas pela Constituição. Isso implica prejuízo para comunidade universitária com o seu funcionamento regular por escassez de recursos financeiros.

Entretanto, pode-se dizer que jamais haverá segurança como querem os anunciadores da "boa nova" sem o exercício das liberdades na sua plenitude. Essa transformação posta é iníqua, porque, ao coibir as liberdades docentes, discentes, não permitirá a construção de uma sociedade livre, justa e solidária, impossibilidade que leva à censura no âmbito acadêmico.

Dessa maneira, o ato administrativo expedido pelo reitor da Universidade Federal Fluminense não se coaduna com o texto constitucional que disciplina a matéria. Vale consignar que o referido dirigente ainda não se deu conta do seu papel de dirigente maior da instituição; assim, deve se ater no sentido de garantir os direitos individuais.

A questão moral liga-se visceralmente ao chamado livre arbítrio que povoa a alma humana, onde predomina a vontade que tangencia o campo moral. Aquele, como se admite, "é o apanágio de todos os homens psiquicamente desenvolvidos e mentalmente sãos", segundo Antônio Moniz Sodré de Aragão, o que leva a se responsabilizar pelos seus próprios atos.[94]

Sem que se possa equacionar a problemática de uma sociedade justa e solidária dentro do contexto do humanismo, falar em Estado de Direito se afigura mera retórica devido à impotência dele para resolver a questão crucial da desigualdade social. Nesse aspecto, a

---

[94] ARAGÃO, Antônio Moniz Sodré. *As três escolas penais*: clássica, antropológica e crítica. Rio de Janeiro: Freitas Bastos, 1955. p. 71.

liberdade deve fluir como corolário do processo democrático, pois, afinal, consoante Ugo Mattei e Laura Nader:

> A concepção de uma sociedade justa exige que evitemos uma idéia de liberdade que permita imensas desigualdades, porque o Estado de Direito invariavelmente é usado pra proteger o desempenho financeiro. Libertação é palavra melhor que liberdade. Não pode haver libertação sem uma verdadeira democracia, nenhuma democracia existe sem distribuição de recursos.[95]

Nessa linha de raciocínio, os referidos autores manifestam, até com certa ênfase, sua preocupação com a ausência do Estado de Direito, o que também se constitui em uma preocupação para ativistas e instituições internacionais de direitos humanos em face das consequências para seus respectivos povos, com governos cruéis e dotados de poderes ilimitados.[96]

5.1.1 Autonomia no plano científico

A universidade não pode, nem deve ser manipulada por quem quer que seja para se tornar um instrumento ideologizado no cumprimento de sua missão histórica. Seu objetivo central é servir a sociedade na formulação de políticas imprescindíveis ao bem-estar social. Assim, deve perseverar no sentido de defesa das liberdades fundamentais, constituindo-se na razão primordial de sua autonomia no plano científico, na disseminação do conhecimento e na preservação dos valores e princípios consubstanciados na democracia republicana.

Os que buscam tolher essas ideias de edificação da dignidade humana não têm nenhum compromisso com a solidariedade, nem com as transformações qualitativas das relações sociais. Disso resulta claro o desejo de não se preocupar com as questões relacionadas com o progresso da ciência para o desenvolvimento econômico e social, fiel construtor do processo democrático.

---

[95] MATTEI, Ugo; NADER, Laura. *Pilhagem quando o estado de Direito é Ilegal*. São Paulo: WMF Martins Fontes, 2013.
[96] Idem.

Se cabe, porém, essa missão àqueles, ao Poder Judiciário compete garantir os direitos fundamentais assegurados pelas constituições que professam essa filosofia com a afirmação dos desígnios em prol da sociedade. Nessa linha, a liberdade desponta como fundamento maior do direito, daí a importância que se reveste ao tutelar a livre manifestação do pensamento, a liberdade de cátedra, o seu compromisso primordial com a realização da justiça.

5.1.2 A questão da censura nas universidades

A censura não cabe no espaço acadêmico porque é própria dos regimes ditatoriais, nos quais não se respiram os ares da liberdade. Dessa forma, deve ser cortada pela raiz a iniciativa dessa natureza por parte de qualquer que seja a autoridade, posto que desborda dos limites de sua atuação. Vive-se, portanto, em um ambiente democrático integrado ao Estado de Direito, o que afasta ações exorbitantes protagonizadas por agentes policiais e judiciais em detrimento do processo eleitoral.

Os atos determinantes dessa forma equivocada de agir são nulos de pleno direito pela ausência de legitimidade de que revestem. Não se pode, portanto, acolher comportamento direcionado a um fim que destoa da realidade factual que constitui o universo propício ao exercício sem peias das atividades vinculadas à expressão do pensamento voltado para o processo de aprendizagem. Esta é a missão primordial da universidade: formar cérebros pensantes.

Há nessa postura equidistante do fazer educacional certo desvio de finalidade, um propósito de opressão mitigada pela ideologia, presente em tipo bem definido de imposição descabida pela insensatez de seu conteúdo vazio. Merece, portanto, o repúdio de quantos preocupados com a desconstrução do ambiente livre e sadio onde se possam garantir os debates fecundos construtivos em prol da sociedade.

Ao coibir essa prática deletéria de afronta aos postulados constitucionais emanada do Estado-Juiz ou de ação administrativa, o Supremo Tribunal Federal deu a demonstração de não tolerar o cerceamento do exercício das liberdades. Nesse ponto, assentou sua posição: "Em qualquer espaço no qual se imponham algemas à liberdade de manifestação há nulidade a ser desfeita", porquanto se tratar de medidas "restritivas de direitos".[97]

5.1.3 Liberdade contra o arbítrio universitário

Não deve ser outro o raciocínio de que a liberdade, na espécie, guarda estreita relação com a autonomia. Essa atmosfera de identidade qualifica o papel do Estado, que afasta os governos arbitrários porque estes desservem ao direito ao colocar censura como ponto central de sua autuação.

Dando conta desse comportamento negativo, que ofende a dignidade das pessoas a ponto de levá-las ao suicídio, Rui Barbosa abomina esse modo de agir irresponsável asseverando que: "Naturalmente que os hábitos de liberdade comuns a nossa classe e essenciais a nossa profissão colidem com a natureza, a moral e, a segurança do poder irresponsável".[98]

Reafirma ainda o grande jurista baiano que:

> Duas profissões tenho amado sobre todas: a imprensa e a advocacia. Numa e noutra me voltei sempre à liberdade e ao direito. Nem numa nem noutra conheci jamais interesse, ou fez distinção de amigos ou inimigos toda vez que se tratava de servir ao Direito ou a liberdade.[99]

Quanto aos governos prepotentes, advertia Rui Barbosa com todo o vigor da inteligência que lhe era peculiar:

> Os governos arbitrários não se acomodam com a autonomia da toga, nem com a independência dos juristas, porque esses governos vivem rasteiramente da mediocridade, da adulação e da mentira, da injustiça, da crueldade e da desonra. A palavra os aborrece: porque a palavra é o instrumento irresistível da conquista da liberdade.[100]

---

[97] POMPEU, Ana. Supremo confirma suspensão de ações que censuraram universidades. *Revista Consultor Jurídico*. 31 out. 2018. Disponível em: https://www.conjur.com.br/2018-out-31/stf-confirma-suspensao-acoes-censuraram-universidades. Acesso em: 29 maio 19.
[98] BARBOSA, Rui. *Trabalhos jurídicos*. v. 38. t. 2. Rio de Janeiro: Fundação Casa de Rui Barbosa (obras completas de Rui Barbosa).
[99] Idem. p. 45-57.
[100] Idem. p. 54.

O direito não pode ser aplicado senão dentro da realidade factual, ou seja, dissociado dos elementos factíveis à sua plena realização na esfera fática. Para tanto, torna-se necessário o empenho de seus exegetas, à luz de valores e princípios constitucionais, que possam estabelecer sua conformação ao sistema jurídico.

Com vistas à consecução desse desiderato, exige-se, além da formação humanística, a partir de uma visão de mundo de tal modo ampla que seja capaz de dominar a matéria calcada na abstratividade dentro de um contexto que tenha o homem como ponto central de suas preocupações, podendo pensar livremente, sem peias, o pensamento como fruto da liberdade.

Por conseguinte, a interdisciplinaridade há de possibilitar um conhecimento, nessa linha, que melhor se adéqua ao campo jurídico. Disciplinas como filosofia e sociologia se revestem de maior importância na formação dos bacharéis em direito, pois tais saberes propiciarão, por certo, uma compreensão mais aprofundada do direito.

Os elementos metodológicos usados na interpretação e aplicação do direito vêm comprometendo a qualidade das decisões judiciais em grande profusão na atualidade. Pode-se notar certa superficialidade do conteúdo delas, muitas destituídas de fundamentação, nesta hipótese baseada em súmulas ou precedentes sem o debate aprofundado da questão colocado ao crivo do Judiciário.

Concorre, ainda, para que a formação "manualesca" oferecida pelas instituições de ensino superior seja limitada por esse fator. As soluções proporcionadas na seara jurisdicional deixam muito a desejar, pela reprodução desordenada de jurisprudência e leis diversas. São, pois, sentenças que não primam pela problematização e, assim, se valendo de modelos padronizados na práxis jurisdicional.

5.1.4 Alunos, professores e funcionários como signatários do exercício da liberdade

Por sua vez, a liberdade é vida em eterno movimento, que se celebra em comunhão com o bem-estar social. É o significado máximo da autonomia que permite o homem expressar seu pensamento sem ser surpreendido por patrulhamento ideológico ou sem ser tolhido no seu direito de manifestar no plano da comunicação no mundo dos fatos e das ideias.

Alex Honneth assevera que os valores são de suma importância no tocante à questão da liberdade, na medida em que tenta se impor de modo hegemônico perante a sociedade civil, independentemente das contradições da modernidade social. Não deixa de colocar que o seu conteúdo semântico tem suscitado dúvidas em decorrência dos questionamentos do jusfilósofo e outros teóricos da sociedade no tocante à sua autonomia individual:

> Entre todos os valores éticos que intentam vingar na sociedade moderna, e, ao vingar, tornam-se hegemônicos, apenas um deles mostra-se apto a caracterizar o ordenamento institucional da sociedade de modo efetivamente duradouro: a liberdade no sentido da autonomia do indivíduo.[101] Desde os tempos de Hobbes, a categoria da liberdade individual, tanto em seu conteúdo como em sua estrutura lógica, é um dos conceitos mais controversos da modernidade social. Desde o início, nas controvérsias que versam sobre sua definição semântica, não apenas filósofos, juristas e teóricos da sociedade tomaram parte, mas também articular publicamente suas experiências específicas de discriminação, degradação e exclusão.[102]

Nessa linha de intelecção, aduz que o homem encarna a ideia de liberdade vinculada conceitualmente à autonomia associada ao postulado da moralidade. Daí porque ela orienta as ações do homem em razão de sua vontade, na medida em que emerge do mundo sensível, como se vê:

> [...] Na condição de ser racional, portanto pertencente a um mundo inteligível, o homem só pode pensar a causalidade de sua própria vontade mediante a idéia da liberdade; pois a independência das causas determinantes do mundo sensível [...] é liberdade. Com a idéia de liberdade estão inseparavelmente ligados o conceito de autonomia e o princípio universal da moralidade, que serve de fundamento à idéia de todas as ações de seres racionais assim como a lei natural serve de fundamento a todos os fenômenos.[103]

---

[101] HONNETH, Alex. *O Direito da Liberdade*. São Paulo: Martins Fontes, 2015. p. 34.
[102] Idem, p. 40-41.
[103] Idem. p. 65.

Por conseguinte, nessa perspectiva, vê-se que o atrelamento ao Estado na formação da vontade popular no plano comunicativo serve de base para mensurar se os órgãos estatais vêm se desincumbindo das tarefas que lhes são confiadas pelos cidadãos, conforme a preocupação de Alex Honneth em seu estudo sobre o direito da liberdade:

> [...] a idéia normativa de um ancoramento do Estado de direito na formação da vontade comunicativa de seus cidadãos deve servir unicamente como um guia que permite mensurar empiricamente até que grau os órgãos estatais cumpriram a tarefa que lhes foi atribuída, mas considerando que essa diretriz há muito foi historicamente institucionalizada e nessa medida tem efeitos de legitimação. [...] Com o intuito de considerar o Estado moderno, em razão de suas condições de legitimação, um "órgão" ou uma corporação encarregada da implementação prática de resoluções democraticamente negociadas, temos um instrumento que nos possibilita determinar as oportunidades de realizar a liberdade social na esfera da atividade de Estado.[104]

"O princípio básico do Estado de Direito é o da eliminação do arbítrio no exercício dos poderes públicos, com a consequente garantia de direitos dos indivíduos perante esses poderes."[105] A declaração é do constitucionalista português mundialmente renomado José Joaquim Gomes Canotilho, em aula magna realizada no Instituto Brasiliense de Direito Público, em Brasília, em homenagem aos 30 anos da Constituição.

Supõe-se que professores e estudantes são dotados de discernimento e respeito a assuntos que digam de perto aos interesses acadêmicos, dispensando, assim, a tutela policialesca, ou melhor, o controle de suas atividades no campo universitário. Não se pode, portanto, insistir com o conflito de normas, especialmente quando a legislação eleitoral conflita com os mandamentos e regras consubstanciados na Constituição a respeito da liberdade de expressão e de reunião. Daí a absoluta impropriedade desse controle imposto aos debates, confundidos, equivocadamente, como propaganda eleitoral para a justiça, com a inadequada invasão.

---

[104] Idem. p. 586-587.
[105] CANOTILHO, José Joaquim Gomes. *Estado de direito*. Lisboa: Gradiva, 1999. p. 146.

5.2 A universidade como encarnação do Estado

Certamente são nas instituições de ensino superior onde se forja a formação intelectual e moral dos jovens estudantes, futuros profissionais que se colocarão a serviço da sociedade, nas mais variadas áreas do saber humano. Tal formação atende as demandas por prestação de serviços diversificados no plano da ciência e tecnologia, indispensáveis ao desenvolvimento econômico e social do país. Daí a importância da autonomia e da liberdade para pensar equidistante de qualquer objeção de natureza ideológica.

É nesse ambiente de plena liberdade que se tem o ensejo de promover, em todos os campos, a produção do conhecimento sem limitações de qualquer etiologia ou a interferência e, sobremodo, de postura inoportuna, indevida e desqualificada de determinados agentes públicos que não têm e nem deverão ter o condão de quebrar o equilíbrio da realização das funções nobres que cabem às instituições educacionais.

Assim, as IES ligadas indissoluvelmente às aspirações da sociedade na persecução de um objetivo permanente inserem-se no contexto da *realidade social*, que é constituída socialmente, segundo Heloísa Lück, pelas:

> Ações de grupos sociais, mediante contínuos movimentos interativos marcados por ações, estruturas e funções, dúvidas e certezas, fluxos e refluxos, objetividades e subjetividades, ordens e desordens. Inevitavelmente, a realidade é marcada pela complexidade de dimensões e movimentos expressos por meio de contradições, tensões e incertezas, cuja superação prepara o contexto para novos estágios mais abrangentes, significativos desses aspectos.[106]

Em decorrência disso, cabe afastar o controle e a fiscalização nefasta do poder público, precedido de invasões nos *campi* das instituições de ensino superior, devido ao seu absoluto descompasso com a democracia republicana. Há de se fazer, portanto, uma cruzada cidadã no sentido de coibir essa forma de cuidar da coisa pública.

---
[106] LÜCK, Heloísa. *Gestão Educacional*: uma questão paradigmática. Petrópolis, RJ: Editora Vozes, 2006. p. 39.

Exige-se, para mudança desse comportamento nada republicano, o correto direcionamento da questão posta a partir da comunhão dos fatos e das ideias capazes de fazer prevalecer o sentimento de grandeza irradiado da comunidade nacional, conspurcada pelos detratores da vida nacional. Certamente, isso somente será viável através de vontade firme de mudar esse panorama, o que não condiz com os foros de civilidade de que a sociedade é fiadora. É com ela que os jovens universitários aspiram alcançar, em razão de sua vocação, as metas por eles estabelecidas a partir de uma formação sólida, como cidadãos prestantes na sociedade.

Diante desse quadro hostil, decorrente das ações desencadeadas pelas jurisdições eleitoral e policial, verifica-se que tal postura macula o estado de espírito do Estado de Direito. Isto porque as eleições para o preenchimento de cargos nas IES devem ocorrer em clima e ambiente onde se respire a liberdade. Decididamente, no espaço onde elas se situam não há, de maneira alguma, lugar para instalação do caos, da discórdia e de situações conflituosas com o objetivo intencional de impedir a manifestação livre de peias dos candidatos, bem como influenciar de maneira negativa no andamento pacífico do movimento eleitoral.

De fato, a propaganda eleitoral, com a consequente distribuição de panfletos com as propostas dos candidatos, não pode ser obstada, tampouco embaraçada, comprometendo a realização de debates a fim de se exaurir a sua exequibilidade. Decerto, essa interferência intempestiva em assuntos de eleição de dirigentes em órgãos educacionais não pode prosperar, na medida em que implica sérias restrições ao livre exercício do voto.

Por outro lado, o ato de pensar não é de caráter isolado, incapaz de gerar as discussões necessárias à posição dos candidatos. Além de viciar o processo eleitoral, correria o risco de torná-lo produto da censura, levando a uma situação incompatível com a realidade do momento histórico em que se vive sob a égide da democracia que vem sendo vilipendiada a cada dia pelas forças do retrocesso.

É preciso respeitar a autonomia universitária, vez que ela não depende de uma vontade do soberano, ou melhor, do governo. Verdade é que, sendo um ente autárquico ou fundacional, sua autonomia reflete a vontade do Estado em toda a plenitude e, como tal, deve ser considerada. Assim, essas tentativas de atentar contra elas devem ser rechaçadas por todos que defendem o Estado como instrumento de satisfação das necessidades públicas, porque essa é a missão primordial dos democratas. De outra forma, seria solapar a base sólida em que se apoia a práxis republicana, diretamente ligada às aspirações mais elevadas de nosso povo.

Como se pode notar, a autonomia guarda estreita relação com a liberdade, de onde flui a manifestação do pensamento e da expressão; por isso, tem sua inserção nas categorias jurídicas encartadas nas declarações de direitos fundamentais, de modo que constitui direitos e garantias assegurados pela Constituição da República. Nessa linha, não se pode descartar a hipótese de que o governo não deve se imiscuir no processo, tentando mudar as regras do jogo.

Finalmente, Jayme Paviani e José C. Pozenato, em seu estudo *A universidade em debate*, asseveram:

> A vida universitária precisa ser dirigida pelo pensamento, pela reflexão de seus administradores e de todos os membros da comunidade, pois não existe nenhuma ação sem resultados, sem o objetivo de mudar e de produzir algo. Ela consiste em dispor meios com vistas a um fim. A intenção é a característica essencial da ação e, neste sentido, ela supõe, ao mesmo tempo, um fim a ser atingido e uma possível ausência de algo. Deste modo, quando tomamos consciência dos fins, também tomamos consciência da realidade.[107]

5.3 A universidade como obra secular

A universidade é uma obra secular que se reveste da maior importância no concerto onde alcança seu raio de ação, projetando-se no tempo como casa do saber. Não se pode negar a dimensão de sua grandeza como o contributo para a formação do humanismo e os seus valores para o futuro, na formação de cérebros a serviço da humanidade.

Embora dotada de importância inquestionável na formação humana, ao longo dos séculos a universidade sempre esteve atrelada

---

[107] PAVIANI, Jayme. *A universidade em debate*. Caxias do Sul: Editora da Universidade de Caxias do Sul, 1984. p. 21.

à estrutura de poder vigente, sem a menor condição de exercer seu mister com a liberdade que sua tarefa requer.

No Brasil, não foi diferente e, no perpassar dos tempos, vinculou-se, por imposição, aos ditames dos interesses das elites dominantes. Esse quadro sofreu uma mudança radical com a Constituição de 1988, que dotou a universidade de autonomia nos planos educacional, cultural e científico. Dessa maneira, move-se por regras próprias, dentre elas, destacando-se os estatutos, o regimento geral, entre outros dentro de sua área de atividade, suas funções e estruturas.

Por esse ângulo, sua concepção se cinge aos três princípios basilares que lhe dão sustentação: o da representação das bases nos seus órgãos deliberativos, o da legitimidade dos seus representantes e o da democracia dos seus atos pautados no direito. Tais princípios sempre consubstanciaram a atuação dos seus membros integrantes de conselhos superiores compostos pelos atores das IES.

Como se vê, nela está presente o defensável ato de respeito às estruturas acadêmicas, os representantes dos centros de ensino, departamentos, colegiados ou outras unidades acadêmicas e administrativas. Em consequência, assegurando a capilaridade da representação deles emanada no órgão máximo de deliberação das universidades e dos institutos, o conselho deliberativo.

Como se observa, o complexo normativo que regula sua estrutura e funcionamento decorre do comando constitucional e das leis. Nessa perspectiva, verifica-se, de logo, que se trata de uma concepção que busca atender a demanda da sociedade, na medida em que configura uma projeção do Estado, não cabendo ao governo desconfigurar sua conformação jurídica.

O direito à liberdade se insere no contexto dos direitos fundamentais e, como tal, revela um conteúdo valorativo de natureza positiva, uma vez erigida categoria de postulado da mais alta relevância. Não é por outra razão que tem, na Constituição Federal, a garantia efetiva de sua inviolabilidade. Em decorrência disso, prestigia a livre manifestação do pensamento como valor supremo que não pode ser postergado pelos poderes públicos.

Pela mesma forma, a atividade intelectual faz parte desse universo, que a permite ser exercida livremente no plano do ensino ministrado nos estabelecimentos estudantis, públicos e privados. Há, portanto, uma comunicação direta com a liberdade e o pluralismo de concepções plasmadas no debate permanente no mundo dos fatos e das ideias concebidos a partir do conhecimento haurido nas salas de aula.

É obvio que a garantia da manifestação do pensamento tem estreita correlação com as liberdades públicas e, por extensão, com a autonomia de cátedra e de reunião. Assim, pode-se dizer de existência de uma autonomia da manifestação do pensar voltada para a formação da vontade democrática, no processo de aprendizagem, dentro do contexto universitário. Dessa forma, qualquer tentativa de interferência no exercício da atividade acadêmica não encontra ressonância no mundo jurídico.

Nesse passo, a legislação eleitoral tem que se ater aos cânones dos valores e princípios assegurados pela Constituição. Desse modo, não pode autorizar o acesso à universidade para inibir a livre expressão do pensamento.

Nesse particular aspecto, o debate próprio do ambiente acadêmico entre professores e estudantes faz parte do processo de aprendizagem, de maneira que não comporta o policiamento das ideias e reflexões externadas no curso de sua realização com vistas à formação do entendimento em torno do assunto questionado, que constitui o núcleo da matéria versada pelos interlocutores do diálogo encetado.

Como se observa, a liberdade e a autonomia são indissociáveis nesse processo decorrente do pensamento humano, tanto mais porque resulta desse complexo de normatividade abstrata consubstanciado no texto constitucional. Essa é a razão proeminente pela qual a Constituição estabelece relação de igualdade entre todos os cidadãos titulares de direito subjetivos.

Por conseguinte, as regras estatuídas na legislação ordinária não têm o condão de alterar esse panorama, pois estão submetidas ao ordenamento jurídico constitucional. Não poderia entrar no mérito da manifestação ou expressão do pensamento livre dos alunos e professores. Seu objetivo é coibir a propaganda eleitoral irregular e não inibir a discussão no plano da realização no campo político.

Por outro lado, as ações da Justiça Eleitoral devem se limitar ao exame do teor da propaganda eleitoral no interior das instituições de ensino sem qualquer viés ideológico, dessa forma seguindo as regras de detalhamento de situações sujeitas ao crivo da fiscalização interpretação e aplicação de acordo com os ditames dos valores e princípios constitucionais. Sabe-se, entretanto, o número considerável de universidades que receberam a visita de agentes públicos para auscultar os debates de professores e estudantes e, do mesmo modo, analisar material de propaganda de associações estudantis, como também cartazes, faixas e outros instrumentos de divulgação que implicassem favorecimento político a determinado partido.

Para a mídia, a "maioria das ações em universidades pareceu de severidade desproposidada", o que mereceu o seguinte comentário do jornal *Folha de S. Paulo*:

> Na semana que antecedeu o segundo turno, mais de uma dezena de universidades foram objetos de ações da Justiça Eleitoral. Os motivos das autoridades nem sempre justificados com clareza, era proibir, evitar ou interromper o que julgavam serem atos de propaganda eleitoral nessas instituições. A maioria de tais iniciativas, entretanto, pareceu de severidade desproposidada quando não apenas arbitraria e seletiva.[108]

Democracia e liberdade como consagração dos direitos fundamentais. Não persiste nenhuma dúvida de que a Constituição de 1988 deixou como legado substancial a democracia e a liberdade e, sobremodo, um catálogo exaustivo de direitos e garantias fundamentais, tendo como elemento a dignidade da pessoa humana, em que se funda a República Federativa do Brasil. Nesse sentido, seguiu a trilha da Constituição portuguesa, em que o Estado, segundo ela, é um Estado democrático.

Para garantir a liberdade de opinião e de ideologias dos indivíduos e das forças sociais, o Estado precisa assegurar a liberdade da educação e do ensino. Somente assim o Estado pode evitar um neutralismo valorativo ao organizar a sua ação, criando zonas de proteção da liberdade.

Ao editar atos jurídicos (administrativos), as universidades revelam autonomia de que se reveste o exercício de suas atividades. Então, demonstra sua independência, no sentido de estabelecer sua estrutura organizacional, bem como a funcionalidade dos órgãos

---

[108] Disponível em: https:www1.folha.uol.com.br/opinião/2018-10-limites-ao-arbitrio.shtm.

que a compõem para a consecução do desiderato e alcance dos seus objetivos.

As universidades, concebidas de modo descentralizado sob a forma autárquica ou fundacional, não se constitui parte orgânica do Executivo. O seu vínculo com o Ministério da Educação não é de subordinação. Nesse sentido:

> O Governo Federal não atua com o Ministério da Educação, na qualidade de gestor da educação, mas numa concepção meramente de caráter administrativo, portanto, "é visto como um processo racional, linear e fragmentado de organização e de influência estabelecendo de cima para baixo e de fora para dentro das unidades, de ação, bem como do emprego de pessoas de c recursos de forma mecanicista e utilitarista, para que os objetivos institucionais sejam realizados".[109]

Por outro lado, segundo Lück:

> O ato de administrar guarda diferença do ato de gerir, pois aquele corresponderia a comandar, controlar, mediante uma visão objetiva de quem atua sobre a realidade, de maneira distanciada e objetiva, tendo por base uma serie de pressupostos.[110]

Como se vê, a constitucionalização da autonomia universitária, por se caracterizar um direito fundamental, afigura-se uma garantia de que não pode ser desrespeitada. Em especial, o Judiciário detém competência para se imiscuir em decisões tomadas pelos seus conselhos e órgãos colegiados.

Com vistas a não permitir a interferência indébita do governante na autonomia das IES, o poder constituinte houve por bem erigi-la à condição de ente autônomo, cuja inserção se deu a nível constitucional. Nessa perspectiva, procurou oferecer a vivência democrática e a capacidade de realização dos seus objetivos primordiais.

Com efeito, a autonomia representa a possibilidade de exercer seu trabalho, capaz de satisfazer as necessidades públicas no campo educacional. Portanto, ela configura um atributo, uma capacidade de se autodeterminar e, inclusive, de estabelecer seu

---

[109] LÜCK, Heloisa. *Gestão educacional*: uma questão paradigmática. Petrópolis: Vozes, 2006. p. 57-58.
[110] Idem. p. 58.

regramento normativo dentro do limite circunscrito ao âmbito do poder regulamentar conferido à Constituição.

Como se observa, a outorga de autonomia a essas instituições na qualidade de autarquias especiais teve o condão de fixar seu conteúdo substantivo, alcance e limitações dentro de um universo consignado pelo constituinte. Dessa forma, "inscrito na Constituição federal o princípio da autonomia universitária tem uma dimensão fundamentadora, integrativa e limitativa própria", conforme assinala Anna Cândida da Cunha Ferraz:

> As universidades, notoriamente, são das mais antigas instituições em que se expressou um sentimento autônomo e de auto-organização. Não há descentralização de atividade especializada alguma que tenha tão forte e vetusta tradição. Em rigor, ela é tão antiga que precede à própria noção de Estado.[111]

Por conseguinte, a trajetória histórica do Estado principiou a partir do pensamento de Nicolau Maquiavel, revelando notar que, sob sua ótica, o poder não configura uma idealização do homem, isto é, não se define pela ideia. Seu conteúdo essencial tem fortes ingredientes procedimentais que levam a ele e possibilitam sua inserção estrutural, afastando a ideia de direito natural e, consequentemente, recusando a filosofia política em sua expressão tradicional.[112]

5.4 Responsabilidade social da universidade

A educação é um instrumento de transformação das relações sociais e, portanto, sua inserção no universo do ensino não é sem sentido. Ao contrário, em razão de sua responsabilidade social, busca garantir, especialmente no âmbito universitário, a livre manifestação do pensamento, muitas vezes deformado pelas mentes que se

---

[111] FERRAZ, Anna Cândida da Cunha. A Autonomia Universitária na Constituição de 05.10.1998. *Revista da Procuradoria Geral do Estado de São Paulo*, São Paulo, n. esp., 1998.
[112] NASCIMENTO, Carlos Valder do. Inter-relação entre sociedade civil e a sociedade política (Estado). *In*: MARTINS, Ives Gandra da Silva; NASCIMENTO, Carlos Valder do; RAMOS, Diceô Torrecillas (Org.). *Estudos sobre o direito constitucional contemporâneo*. Ilhéus, BA: Editus – Editora da UESC, 2014. p. 36.

deixam levar pela manipulação das ideias. Essa atitude contraria os princípios democráticos que regem o processo educativo.

Sendo a educação prestação obrigacional e dever indeclinável do Estado, não pode ser menoscabada pelo gestor público de plantão em qualquer nível, seja a nível presidencial, seja a nível ministerial. Cabe, pois, ao governo, em todos os seus níveis, cumprir fielmente os ditames constitucionais, sob pena, inclusive, de incorrer em crime de responsabilidade, prescritos na Lei nº 1.079/50, omissão considerada gravíssima e, dessa forma, injustificável.

Como se sabe, mesmo considerando ser o Brasil um pais pródigo em governos de plantão corporativos por excelência, há de se exigir a efetividade de suas ações em prol do social, de maneira que há de atender os desígnios constitucionais circunscritos ao âmbito educacional. Na verdade, a educação se afigura um direito fundamental e, como tal, não pode ser subtraída das pessoas que são destinatárias desse bem comum, capaz de melhorar as suas condições de vida no curso de sua luta existencial.

Com efeito, a responsabilidade social não enseja apenas que as universidades estejam a serviço do sistema concebido no plano operacional desconectadas das necessidades decorrentes das demandas econômicas e sociais. O seu modelo há de se pautar dentro de um compromisso em que se estabeleça o papel da sociedade a ser desenvolvido no âmbito de sua responsabilidade, como bem acentua Pedro Goergen:

> Deve a universidade comprometer-se com este modelo neoliberal, injusto, dividido entre ricos e pobres, opressores e oprimidos, no qual a ciência e tecnologia privilegiam as classes favorecidas? Não é indiferente para a universidade a serviço de quem ele se encontra. Para a universidade dar conta de sua responsabilidade social não é o mesmo que servir ao sistema (...). Essa seria uma visão estreita e limitada da função social, política e cultural da universidade.[113]

Apesar da crise por que tem passado a universidade, não se pode deixar de reconhecer a sua contribuição efetiva para a "geração e difusão de conhecimentos". Segundo Pedro Goergen,

---
[113] GOERGEN, Pedro. Universidade e Responsabilidade Social. *In*: LOMBARDI, José Claudnei (Org.). *Temas de Pesquisas em Educação*. São Paulo: Autores Associados, 2003. p.113-114.

acrescentando: "É, portanto, intrinsecamente ligada ao modelo de desenvolvimento da sociedade contemporânea".[114]

Nessa perspectiva, ao versar sobre a universidade nos paradigmas da modernidade e da pós-modernidade, Elisabete Monteiro de Aguiar Pereira aduz que:

> A universidade, em toda a sua história (que já beira um milênio), é uma das instituições que mais sistematicamente tem contribuído para o desenvolvimento da ciência e para a formação, tanto do cientista como dos professores requeridos pela sociedade.[115]

A referida autora, ainda nessa linha de intelecção, conclui seu ponto de vista estabelecendo uma conexão entre autonomia e liberdade, como o que concorre para qualificação dos discentes no mundo da vida e nos debates acalorados no ambiente da academia.

5.5 A universidade e os seus atos de legalidade

As instituições de ensino superior concebidas como autarquias públicas especiais ou as fundações são dotadas de personalidade jurídica de direito público. Devem, assim, desincumbir de suas funções no plano educacional como ente do Estado, pois, na verdade, não se trata de órgãos de governo. Com efeito, sua força normativa decorre de expressa determinação da Constituição da República, daí sua legitimidade para a consecução do objetivo comum colimado.

É obvio, entretanto, que o delineamento de sua concepção estrutural dentro dos valores e princípios que devem balizar seu raio de atuação no âmbito da educação é uma questão de natureza política, na medida em que as IES são também responsáveis pelas transformações das relações econômicas e sociais, sem as quais não haveria a razão de ser de sua existência.

---

[114] Idem. p. 115.
[115] PEREIRA, Elisabete Monteiro de Aguiar. A universidade nos paradigmas da modernidade e da pós-modernidade In: LOMBARDI, José Claudnei (Org.). *Temas de Pesquisas em Educação*. São Paulo: Autores Associados, 2003. p. 113-114.

Conferir efetividade aos direitos e garantias fundamentais é uma maneira de atenuar a má vontade dos agentes públicos para com a cidadania, tão cara ao processo de construção democrática. É preciso compreender que, sem essa consciência, não há como estabelecer essa sintonia entre o homem e o Estado, já que este não cumpre com suas obrigações com os constituintes.

Não se pode conceber a chamada autonomia universitária, compreendendo também IES, senão a partir do plano normativo que lhe dá sustentação. Nesse aspecto, sua estrutura e funcionalidade se dão através do arsenal indispensável à regulamentação de seus órgãos constitutivos aos quais são atribuídas as competências vinculadas a cada um deles no plano da gestão acadêmica.

Por outro lado, a base de sua concepção organizacional assenta no estatuto, no regimento geral e nas resoluções onde são disciplinadas as decisões dos conselhos superiores (acadêmico e universitário): o primeiro sobre assuntos de ensino, pesquisa e extensão e temas estudantis, e o segundo trata do registro das decisões de natureza política e repercussão geral interna e externamente.

Com efeito, toda matéria que reúne o complexo das regras atinentes aos assuntos acadêmicos, técnicos e administrativos se combina para constituir a autonomia da universidade, sem a qual sua missão seria prejudicada. Cabe ainda dizer que a Constituição Federal empresta legitimidade a esses conjuntos de norma que se documentam e dão densidade a suas ações.

Os atos editados pelas IES revelam, em razão de sua natureza intrínseca, caráter institucional, sendo sua força cogente emanada diretamente do texto constitucional. Reveste-se, portanto, de garantia asseguratória da autonomia universitária, o que afasta qualquer interferência de governo para limitá-la ou mesmo condicionar a liberação de recursos financeiros para o seu financiamento.

Por outro lado, cumpre assinalar que a autarquia em regime especial não se submete aos caprichos do governo, que não detém competência para tanto. Na verdade, o seu controle finalístico cabe apenas ao Conselho Nacional de Educação, sempre oportunizando tais entes de se desincumbirem das suas funções com vistas ao cumprimento dos seus objetivos fundamentais.

CAPÍTULO VI

CONSIDERAÇÕES FINAIS

Além das invasões das universidades públicas em todo o país, elas também viveram um clima de tensão em razão do denuncismo e da conduta ideologizada contra professores e alunos em detrimento da autonomia universitária durante o período recente referido à eleição presidencial, tanto que estes demonstram o receio da perda de liberdade nos ambientes acadêmicos, incluindo-se, de igual modo, os estudantes.

Não tem dúvida de que restou impossível a prática sadia do ato de ensinar e de aprender, tendo em vista as limitações impostas aos mesmos diante dos casos de censura. Esse é o retrato fiel do quanto se passou durante o impasse criado com a incompreensão do judiciário eleitoral ao autorizar medidas incompatíveis com a democracia.

Os atos praticados por policiais com o beneplácito jurisdicional não atentaram para a necessidade de se perseverar a divulgação de matérias relacionadas com o pleito. É fundamental destacar que a autonomia universitária se constitui em matéria-prima do ensino superior, das universidades públicas e, sobremodo, da liberdade de pensamento e de expressão.

As ações perpetradas pelos agentes públicos atingindo 20 (vinte) universidades, conforme dados fornecidos pela mídia, foram infelizes. Tais medidas foram tomadas sob a justificativa de que a fiscalização buscava apenas saber se haveria suposta prática de propaganda eleitoral, assim, ouvindo diretores, professores e estudantes.

Comportamento dessa natureza demonstra uma tradição que consubstancia os valores e princípios seculares em todo o mundo. Persegue um objetivo menor, que é de reduzir o espaço da arena da luta encetada por todas as correntes do pensamento, e desestimula, por outra parte, o exercício pleno do contraditório em detrimento da liberdade de ensino e pesquisa – um verdadeiro retrocesso.

A Constituição, além de sua indiscutível força normativa, os valores e os princípios por ela vinculados dão densidade ao seu conteúdo substantivo. Trata-se, não se pode negar, de um instrumento voltado para a proteção e garantias dos direitos fundamentais na medida em que configura a razão determinante de sua relevância no contexto que envolve as contradições do mundo moderno.

Apesar disso, os ataques perpetrados contra ela são quase que constantes, de tal sorte a atentar para sua integridade e descaracterização no campo até jurisdicional. Isso demonstra de maneira cabal que os seus intérpretes vêm se perdendo no discurso desqualificado que encerra os objetivos por ela perseguidos no plano social, muitas vezes por má vontade e, mesmo, por ignorância de sua expressividade ou, ainda, por não compreender a importância do seu conteúdo.

O significado dessa incompreensão mostra a ausência de discernimento e compromisso com as liberdades individuais. O processo decisório decorrente das controvérsias judiciárias não tem se alinhado à necessidade de que ele seja fruto ou resultado coerente de sua fundamentação e publicização da entrega da prestação jurisdicional, assim agindo em detrimento do ativismo constitucional.

Certamente, os cidadãos, quando batem à porta do Judiciário, buscam solução para suas demandas, não importa o resultado e, portanto, não exacerbam o processo de judicialização como querem alguns detratores dessa prática republicana. No entanto, o que eles pretendem com essa iniciativa é fazer valer os direitos e garantias assegurados pela Constituição, uma vez negados pelos órgãos públicos cujos dirigentes não têm tido sensibilidade para equacionar essa problemática, especialmente quando se trata de questão de saúde das populações carentes.

Dos investigados e, especialmente, dos julgadores, espera-se uma postura de respeito nesse mundo conturbado de armadilhas que levam ao cometimento do autoritarismo em face das arbitrariedades dele decorrentes. Os que agem no sentido de denegrir os postulados elegidos pelo Estado plasmado pela democracia e pelo direito é porque ainda não foram capazes de compreender a grandeza da Constituição de 1988.

Espera-se que os juízes e tribunais do país e, de maneira toda especial, o Supremo Tribunal Federal cumpram seu papel histórico de fazer prevalecer as garantias fundamentais inseridas no seu texto. Tanto mais porque se cuida de um órgão maior de cúpula de justiça do Brasil, a quem cabe extremar, em última instância, a palavra definitiva e, assim, procurando sempre o caminho do acerto em prol da sociedade da qual é seu guardião.

Por sua vez, outro tema que se sobressai como de importância fundamental não pode ser olvidado em desrespeito à liberdade de pensamento voltado para um universo circundante que não pode ser colhida pela cultura do encarceramento que ganha destaque nos fóruns do país afora em razão dos equívocos protagonizados pelo Judiciário. De outro tanto, com ameaças descabidas de privação de seus direitos civis, bem como o severo sacrifício do dormir ao relento para o exercício do voto com a invenção improvisada da famigerada *biometria*. Assim, em razão da irracionalidade de sua burocracia mal engendrada para participar do pleito eleitoral, a justiça eleitoral não tem sido eficiente na implantação desse novo sistema, que vem atormentando a paciência e a vida dos trabalhadores que não dispõem de tempo disponível para ficar à mercê dessa missão exaustiva.

Não bastasse isso, ainda tenta impedir a livre circulação dos eleitores no interior das universidades, limitando, assim, a autonomia destes em detrimento dos interesses da soberania popular, responsável pela edificação dos pilares da democracia como autênticos e legítimos representantes do poder diretamente emanado do povo, titular absoluto do processo eleitoral.

Na esfera da liberdade pública, o ser humano revela natureza proveniente de sua importância no contexto do mundo e da vida. Por isso, é credor do direito da liberdade de opinar e expressar o pensamento, inclusive no plano das comunicações sociais. Assim, toca-lhe o direito de veicular informações de interesse da sociedade, bem como ideias que possam ser úteis a todos. Daí, nesse sentido, a exaltação da Declaração Universal dos Direitos Humanos (artigo 19).

Conferir efetividade aos direitos e garantias fundamentais é uma maneira de atenuar a má vontade dos agentes públicos para com a cidadania, tão cara ao processo de *construção democrática*.

É preciso compreender que, sem essa consciência, não há como estabelecer essa sintonia entre o homem e o Estado, já que este não cumpre com suas obrigações com os constituintes.

Apesar dessa advertência, transparece claro que há uma pressão no sentido de esvaziá-la no contexto da política enviesada, professada pelos líderes com ela descompromissados. Todavia, há uma consciência de que não se pode permitir que o retrocesso se instale no país em detrimento do conjunto da sociedade que aspira tempos melhores.

Com efeito, ninguém detém o monopólio da verdade; todavia, há de se realçar que as frequentes contradições do mundo contemporâneo impõem uma tomada séria de posição em busca do avanço que ela vem empreendendo no curso da história com vistas a reverter esse quadro sombrio que atormenta a vida cotidiana em face de sua prejudicialidade.

Democracia, acima de tudo, em homenagem à liberdade e igualdade do homem com a reversão de tomada de posição contrária à civilidade. Deve-se perseguir o caminho da solidariedade como exemplo de respeito à dignidade da pessoa humana. Fora disso, é a barbárie. Instalasse o reino da discórdia incompatível com o sentimento pleno de lhe conferir a dimensão no concerto da realidade factual.

Nessa linha de intelecção, cumpre aduzir que o direito da liberdade de pensamento somente se reveste de maior significado justamente por ser o somatório do ensino, da cultura, da crença e da opinião, inclusive a religiosa, caracterizando-se, em razão disso, como a fonte primária da qual emanam todas as formas de liberdade aqui tratadas.

REFERÊNCIAS

ABBAGNANO, Nicola; BOBBIO, Norberto. DEMOCRACIA. *In*: BOBBIO, Norberto; MATTEUCCI, Nicola; PASQUINO, Gianfranco (Org.). *Dicionário de política*. Brasília. Ed: UnB, 1986.

ARAGÃO, Antônio Moniz Sodré. *As três escolas penais*: clássica, antropológica e crítica. Rio de Janeiro: Freitas Bastos, 1955.

ARANGO, Rodolfo. *Filosofia de la democracia*: fundamentos conceptuales. Bogotá: Siglo Del Hombre Editores/Universidad de Los Andes, 2007.

ATALIBA, Geraldo. *República e Constituição*. São Paulo: Ed. Revista dos Tribunais, 1985.

BARBOSA, Rui. *Trabalhos jurídicos*. v. 38. t. 2. Rio de Janeiro: Fundação Casa de Rui Barbosa (obras completas de Rui Barbosa).

BOBBIO, Norberto. Democracia. *In*: BOBBIO, Norberto; MATTEUCCI, Nicola; PASQUINO, Giafranco (Org.). *Dicionário de política*. Brasília: Ed. Unb, 1986.

BOBBIO, Norberto. *O futuro da democracia*. São Paulo: Paz e Terra, 2000.

BORJA Y BORJA, Ramiro. *Teoria General Del Derecho y Del Estado*. Buenos Ayres: Depalma, 1977.

C 364/10 PT *Jornal Oficial das Comunidades Europeias* 18.12.2000 C 202/404 Jornal Oficial da União Europeia 7.6.2016 PT.

CABRAL, Bernardo. Devemos a constituição o fato de não ter havido golpes de Estado nestes 30 anos. *Revista Conjur*, São Paulo, 12 out. 2018. Disponível em: www.conjur.com.br. Acesso em: 17 out. 2018.

CANOTILHO, J. J. Gomes. Estado de direito deve garantir liberdades individuais, diz Canotilho. *Revista Conjur*, São Paulo, 04 out. 2018. Disponível em: https://www.conjur.com.br/20181–out-04/estado-direito-garantia-liberdades-individuais5-10-2018.

CANOTILHO, José Joaquim Gomes. *Estado de direito*. Lisboa: Gradiva, 1999.

CARDOZO, Benjamin N. *A natureza do processo judicial*. São Paulo: Martins Fontes, 2004.

CARMEN, Lúcia. *Medida cautelar na arguição de descumprimento de preceito fundamental 548. Distrito Federal*.

CICO, Claudio de. *História do pensamento jurídico e da filosofia do direito*. 3. ed. São Paulo: Saraiva, 2006.

COELHO, Gabriela. Estado de Direito deve garantir liberdades fundamentais, diz Canotilho. *Conjur*, 4 out. 2018. Disponível em: https://www.conjur.com.br/2018-out-04/estado-direito-garantir-liberdades-individuais-canotilho.

COLLINSON, Diane. *50 Grandes Filósofos*. São Paulo: Contexto, 2004.

CONSTANT, Benjamin. Da liberdade dos antigos comparada a dos modernos. *Filosofia política*, Rio Grande do Sul, n. 2, 1985.

CORTÊS, Antônio. *Jurisprudência dos princípios*: ensaio sobre os fundamentos da decisão jurisdicional. Lisboa: Universidade Católica Editora, 2010.

CUNHA, Paulo Ferreira da Cunha. *Res Pública*: ensaios constitucionais. Coimbra: Almedina, 1998.

DALLARI, Dalmo de Abril. *O futuro do estado*. São Paulo: Saraiva, 2001.

DERRIDA, Jacques. *A força de lei*. 2. ed. São Paulo: WMF Martins Fontes, 2010.

DIAZ, Elias. *Curso de Filosofia do Derecho*. Madrid: Marcial Pons, 1998.

DUGUIT, Léon. *Fundamentos do direito*. São Paulo: Ícone, 1996.

FARALLI, Carla. *A filosofia contemporânea e o direito*: temas e desafios. São Paulo: WMF Martins Fontes, 2006.

FERRAZ JR., Tércio Sampaio. *A liberdade dos antigos ou a convergência da liberdade e da necessidade*: estudos de filosofia do direito. São Paulo: Ed. Atlas, 2002.

FERRAZ, Anna Cândida da Cunha. A autonomia universitária na Constituição de 05.10.1998. *Revista da Procuradoria Geral do Estado de São Paulo*, São Paulo, n. esp., 1998.

FERREIRA FILHO, Manoel Gonçalves. *Comentários à Constituição Brasileira de 1988*. v. 4. São Paulo: Saraiva, 1995.

FLEINER-GESTER, Thomas. *Teoria geral do Estado*. São Paulo: Livraria Martins Fontes Editora Ltda., 2006.

FRANÇA, Limongi (Coord.). *Enciclopédia Saraiva do Direito*. São Paulo: Saraiva, 1977.

GARCIA, Eusébio Fernández. *Valores constitucionales y derecho*. Madri: Dykinsor, 2009.

GARCÍA, Jesús Ignacio Martínez. Liberalismo y Derechos Humanos. *In*: MARTINEZ, Gregório Peces-Barba. *Historia de los Derechos Fundamentales*. t. IV. Siglo XX, VII. Madrid: Editorial Dykinson, 2013.

GARCIA, Maria Glória E. P. *Estudos sobre o princípio da igualdade*. Coimbra: Almedina, 2005.

GENY, François. *La Libertad en El Derecho entre Certeza e Incertidumbre*. Madrid: Editorial Comares, 2007.

GOERGEN, Pedro. Universidade e Responsabilidade Social. *In*: LOMBARDI, José Claudnei (Org.). *Temas de Pesquisas em Educação*. São Paulo: Autores Associados, 2003.

GREEM, Toby. *Direito da Liberdade*. São Paulo: Martins Fontes, 2018.

GRONDONA, Mariano. *Os pensadores da liberdade*. São Paulo: Editora Mandarim, 2000.

HENRICH, Dieter. *Pensar e ser si mesmo*: preleções sobre a subjetividade. Petrópolis: Vozes, 2018.

HOBBES, Thomas. *Leviatã*. Rio de Janeiro: Martin Claret, 2008.

HONNETH, Alex. *O Direito da Liberdade*. São Paulo: Martins Fontes, 2015.

HUGON, Paul. *O imposto*: tema moderno e princípios sistemas – o sistema tributário brasileiro. 2. ed. Rio de Janeiro: Edições Financeiras, 1945.

HUGUES-WARNIGTON, Marnie. *50 grandes pensadores da história*. São Paulo: Contexto, 2002.

HUISMAN, Bruno; SALEM, Jean. *Les Philosophes el la Liberté*. Paris: Editions Bruno Huisman, 1982.

ISRAËL, Nicolas, *Genealogia do direito moderno*: o estado de necessidade. São Paulo: WMF Martins Fontes, 2009.

LAFER, Celso. *O moderno e o antigo conceito de liberdade*: ensaios sobre a liberdade. São Paulo: Ed. Perspectiva, 1980.

LOCKE, John. *Segundo tratado sobre o governo*. São Paulo: Martin Claret, 2002.

LÜCK, Heloísa. *Gestão Educacional*: uma questão paradigmática. Petrópolis, RJ: Editora Vozes, 2006.

MANNION, James. *O livro completo da filosofia*. São Paulo: Madras, s/d.

MATTEI, Ugo; NADER, Laura. *Pilhagem quando o estado de Direito é Ilegal*. São Paulo: WMF Martins Fontes, 2013.

MATTEUCCI, Nicola. Direito. *In*: BOBBIO, Norberto; MATTEUCCI, Nicola; PASQUINO, Gian Franco (Orgs.). *Dicionário de Política*. Brasília: Ed. Universidade Brasília, 1986.

MERQUIOR, José Guilherme. *Liberalismo*: antigo e moderno. Rio de Janeiro: Editora Nova Fronteira, 1991.

MILL, John Stuart. *Sobre a liberdade e a sujeição das mulheres*. Rio de Janeiro: Companhia das Letras, 2017.

MISSES, Ludwig Von. *Liberalismo segundo a tradição Clássica*. 2. ed. São Paulo: Instituto Ludwig Von Mises Brasil, 2010.

MORAIS, Carlos B. *Justiça constitucional*: garantia da constituição e controlo da constitucionalidade. t. I. Coimbra: Coimbra Editora, 2002.

MORRIS, Clarence. *Os grandes filósofos do direito*. São Paulo: Martins Fontes, 2002.

MORRISON, Wayne. *Filosofia do Direito*: dos gregos ao pós-modernismo. São Paulo: Martins Fontes, 2012.

MÜLLER, Friedrich. *Quem é o povo? A questão fundamental da democracia*. 4. ed. São Paulo: Revista dos Tribunais, 2003.

NASCIMENTO, Carlos Valder do. Inter-relação entre sociedade civil e a sociedade política (Estado). *In*: MARTINS, Ives Gandra da Silva; NASCIMENTO, Carlos Valder do; RAMOS, Diceô Torrecillas (Org.). *Estudos sobre o direito constitucional contemporâneo*. Ilhéus, BA: Editus - Editora da UESC, 2014.

PAVIANI, Jayme. *A universidade em debate*. Caxias do Sul: Editora da Universidade de Caxias do Sul, 1984.

PAZÉ, Valentina. *En nombre del pueblo*: el problema democrático. Madrid: Marcial Pons, 2003.

PEREIRA, Elisabete Monteiro de Aguiar. A universidade nos paradigmas da modernidade e da pós modernidade. *In*: LOMBARDI, José Claudnei (Org.). *Temas de Pesquisas em Educação*. São Paulo: Autores Associados, 2003.

PEREIRA, João Aveiro. *A Responsabilidade Civil por Actos Jurisdicionais*. Coimbra: Coimbra Editora, 2001.

PISARELLO, Geraldo. *Los derechos sociales y sus garantias elementos para una reconstrucción*. Madrid: Editorial Trotta S.A., 2007.

POMPEU, Ana. Supremo confirma suspensão de ações que censuraram universidades. *Revista Conjur*, 31 out. 2018. Disponível em: https://www.conjur.com.br/2018-out-31/stf-confirma-suspensao-acoes-censuraram-universidades. Acesso em: 29 maio 2019.

POPPER, Karl. *Os paradoxos da soberania*. Rio de Janeiro: Contraponto, 2010.

POSNER, Richard A. *Problemas de Filosofia do Direito*. São Paulo: Ed. Martins Fontes, 2007.

REALE, Miguel. *Fontes e modelos do direito*: para um novo paradigma hermenêutico. São Paulo: Saraiva, 1994.

REALE, Miguel. *Liberdade e Democracia*. São Paulo: Saraiva, 1987.

RIGAUX, François. *A lei dos juízes*. São Paulo: Martins Fontes, 2003.

RIVERO, Jean; MOUTOUH, Hugues. *Liberdades públicas*. São Paulo: Martins Fontes, 2006.

RODRIGUES, Marta. M. Assumpção. *Politicas públicas*. São Paulo: Publifolha, 2010. (Folha Explica).

ROMANELLI, O. O. *História da educação no Brasil – 1930/1973*. Petrópolis: Vozes, 1987.

ROUSSEAU, Jean-Jacques. Do contrato social. *In*: *Os pensadores*. São Paulo: Ed. Abril Cultural, 1973. Livro I.

ROULAND, Norbert. *Nos Confins do Direito*. São Paulo: Ed. Martins Fontes, 2008.

SALDAÑA, Paulo *et al*. Universidades de todo o país são alvo de ações policiais e da Justiça Eleitoral. *Folha de S. Paulo*, 26 out. 2018. Disponível em: https://www1.folha.uol.com.br/cotidiano/2018/10/universidades-de-todo-o-pais-sao-alvo-de-acoes-policiais-e-da-justica-eleitoral.shtml.

SALDANHA, Nelson. *In*: LIMONGI, R. (Coord.). *Enciclopédia Saraiva do Direito*. v. 33. São Paulo: Saraiva, 1977.

SARAIVA, José Hermano. *O que é o direito? A crise do direito*. Lisboa: Gradiva, 2009.

SCHMITH, Carl. *Legalidade e Legitimidade*. Belo Horizonte: Del Rey Editora, 2007.

SEN, Amartya. *La Idea de la Justicia*. Madrid: Taurus Santillena Ediciones, 2010.

SILVA, De Plácido e. *Vocabulário Jurídico*. 28. ed. Rio de Janeiro: Forense – GEN, 2009.

SLAIBI FILHO, Nagib. *Anotações à Constituição de 1988*: aspectos fundamentais. 2. ed. Rio de Janeiro: Forense, 1989.

SPECTOR, Céline. *Vocabulário de Montesquieu*. São Paulo: WMF Martins Fontes, 2011.

TROMBLEY, Stephen. *50 Pensadores que formaram o mundo Moderno*. Rio de Janeiro: Leia, 2017.

WEFFORT, Francisco C. (Org.). *Os clássicos da política*: Maquiavel, Hobbes, Locke, Montesquieu, Rousseau. 14. ed. São Paulo: Ática, 2006.

WOLKMER, Antônio Carlos. *Ideologia e Estado de direito*. São Paulo: Ed. Revista dos Tribunais, 1989.

ZIPPELINS, Reinhold. *Teoria geral do Estado*. 2. ed. Lisboa: Fundação Calouste Gollbenkian, 1984.

O AUTOR E SUA OBRA

I – Livros jurídicos
A – Autoria

A lei da ficha limpa. Ilhéus: Editus, 2014. v. 2. Série Estudos de Direito Público.

A restituição da contribuição previdenciária dos inativos: em razão de emenda inconstitucional. Ilhéus: Editus, 2013. v. 1. Série Estudos de Direito Público.

Abuso do exercício do direito: responsabilidade pessoal. São Paulo: Saraiva, 2013.

Coisa julgada inconstitucional a questão da segurança jurídica. Belo Horizonte: Fórum, 2011.

Crédito tributário. Rio de Janeiro: Forense, 1986.

Curso de direito financeiro. Rio de Janeiro: Forense, 1999.

Curso de direito tributário. Rio de Janeiro: Forense, 1999.

Direito constitucional penal. Ilhéus: Editus, 2014. v. 3. Série Estudos de Direito Público.

Direito tributário aplicado. Rio de Janeiro: América Jurídica, 2002.

Direito tributário: autonomia, fontes, evolução histórica e relações com ostras disciplinas. Ilhéus: Editus, 2014. v. 7. Série Estudos de Direito Público.

Direito tributário: garantias do crédito tributário e administração tributária: questões polêmicas. Ilhéus: Editus, 2014. v. 9. Série Estudos de Direito Público.

Direito tributário: interpretação, obrigação e crédito tributário. Ilhéus: Editus, 2014. v. 8. Série Estudos de Direito Público.

Dívida ativa. Rio de Janeiro: Forense, 1988.

Estabilidade e disponibilidade do servidor celetista. São Paulo: Revista dos Tribunais, 1990. Coleção Constituição. Primeira Leitura, n. 9.

Execução contra a Fazenda Pública fundada em título ilegítimo. São Paulo: Oliveira Mendes, 1998.

Execução contra a Fazenda Pública: sua inversão no pólo processual em razão de erro material. Rio de Janeiro: Forense, 2000.

Finanças públicas e sistema constitucional orçamentário. 2. ed. Rio de Janeiro: Forense, 1997.

Imunidade tributária. Ilhéus: Editus, 2013. v. 5. Série Estudos de Direito Público.

Imunidade tributária. São Paulo: Resenha Tributária, 1985.

Isenção do imposto de renda dos trabalhadores da ativa em razão de doença grave. Belo Horizonte: Fórum, 2011.

O Supremo contra o direito – O caso da contribuição previdenciária dos inativos. Ilhéus: Editus, 2010.

Pareceres de advogados em procedimentos administrativos: responsabilidade solidária. Ilhéus: Editus, 2014. v. 10. Série Estudos de Direito Público.

Por uma teoria da coisa julgada inconstitucional. Rio de Janeiro: Lumen Juris, 2005.

Princípios fundamentais da legislação tributária. 2. ed. Rio de Janeiro: Freitas Bastos, 1984.

Princípios fundamentais da legislação tributária. Ilhéus: Imprensa Universitária da Fespi, 1983.

Reforma da Previdência e contribuição dos inativos: direito adquirido e segurança jurídica. Belo Horizonte: Fórum, 2003.

Tema de direito público: questões polêmicas. Ilhéus: Editus, 2014. v. 4. Série Estudos de Direito Público.

Teoria geral dos atos cooperativos. São Paulo: Malheiros, 2007.

Terceiro setor, papel imune, contribuição para a saúde e vicissitudes do crédito tributário. Ilhéus: Editus, 2013. v. 6. Série Estudos de Direito Público.

B – Coordenação/Organização

Coisa julgada inconstitucional. 2. ed. Belo Horizonte: Fórum, 2008.

Coisa julgada inconstitucional. 2. ed. Rio de Janeiro: América Jurídica, 2003.

Coisa julgada inconstitucional. 3. ed. rev., atual. e ampl. Rio de Janeiro: América Jurídica, 2004.

Coisa julgada inconstitucional. 4. ed. rev. e ampl. Rio de Janeiro: América Jurídica, 2002.

Coisa julgada inconstitucional. 5. ed. rev. e ampl. Rio de Janeiro: América Jurídica, 2002.

Coisa julgada inconstitucional. Belo Horizonte: Fórum, 2006.

Coisa julgada inconstitucional. Rio de Janeiro: América Jurídica, 2002.

Coletânea jurídica. São Paulo: Massao Ohno Editor, 1995.

Coletânea jurídica: estudos em homenagem ao Prof. Érito Francisco Machado. Ilhéus: Editus/UESC, 1999.

Comentários à Lei de Responsabilidade Fiscal. 2. ed. rev. e atual. São Paulo: Saraiva, 2007.

Comentários à Lei de Responsabilidade Fiscal. 3. ed. rev. São Paulo: Saraiva, 2008.

Comentários à Lei de Responsabilidade Fiscal. 4. ed. São Paulo: Saraiva, 2009.

Comentários à Lei de Responsabilidade Fiscal. 4. ed. 2. tir. São Paulo: Saraiva, 2009.

Comentários à Lei de Responsabilidade Fiscal. 5. ed. São Paulo: Saraiva, 2011.

Comentários à Lei de Responsabilidade Fiscal. 6. ed. São Paulo: Saraiva, 2012.

Comentários à Lei de Responsabilidade Fiscal. São Paulo: Saraiva, 2001.

Comentários ao Código Tributário Nacional. 2. ed. Rio de Janeiro: Forense, 1997.

Enciclopédia do direito brasileiro. Rio de Janeiro: Forense, 1997. v. I.

Enciclopédia do direito brasileiro. Rio de Janeiro: Forense, 2002. v. VI.

Estudos jurídicos – Coletânea em homenagem ao Prof. Francolino Neto. Ilhéus: Editus/UESC, 1997.

Interpretação no direito tributário. Estudos de direito tributário I. São Paulo: Revista dos Tribunais, 1989.

O município e a tributação: estudos sobre taxas municipais. Coletânea com artigos do corpo discente da UESC. Ilhéus: Editus/UESC, 2000.

Obrigação tributária. São Paulo: Revista dos Tribunais, 1988.

Responsabilidade fiscal: teoria e prática. Rio de Janeiro: América Jurídica, 2002.

Tratado de direito administrativo. São Paulo: Saraiva, 2013. 2 v.

Tratado de direito constitucional. 2. ed. São Paulo: Saraiva, 2012. 2 v.

Tratado de direito constitucional. São Paulo: Saraiva, 2011. 2 v.

Tratado de direito financeiro. São Paulo: Saraiva, 2013. 2 v.

Tratado de direito financeiro. São Paulo: Saraiva, 2013. 2 v.

Tratado de direito tributário. São Paulo: Saraiva, 2011. 2 v.

Tributos municipais. Rio de Janeiro: Forense, 1988.

C – Capítulos de livros

A imunidade tributária das entidades fechadas de Previdência Privada. São Paulo: Resenha Tributária – Abrapp, 1985.

Ato cooperativo e a tributação função da lei complementar. *In*: GRUPENMACHER, Treiger. *Tributação*. Curitiba: Juruá, 2001.

Comentários aos artigos 150 a 182 do CTN. *In*: NASCIMENTO, Carlos Valder do; PORTELLA, André (Coord.). *Comentários ao CTN*. 7. ed. Rio de Janeiro: Forense, 2008.

Direito fundamental à saúde. *In*: MARTINS, Ives Gandra da Silva; MENDES, Gilmar Ferreira; NASCIMENTO, Carlos Valder do (Coord.). *Tratado de direito constitucional*. 2. ed. São Paulo: Saraiva 2012. v. 2.

Direito fundamental à saúde. *In*: MARTINS, Ives Gandra da Silva; MENDES, Gilmar Ferreira; NASCIMENTO, Carlos Valder do. *Tratado de direito constitucional*. 2. ed. São Paulo: Saraiva, 2010. v. 1.

Direito tributário atual. São Paulo: Resenha Tributária – IBDT-USP, 1984.

Do lançamento. *Caderno de Pesquisas Tributárias*, São Paulo, v. 12.

Elisão e evasão fiscal. *Caderno de Pesquisas Tributárias*, São Paulo, v. 13, 1987.

Extinção do crédito tributário. *In*: NASCIMENTO, Carlos Valder do; PORTELLA, André (Coord.). *Comentários ao CTN*. 7. ed. Rio de Janeiro: Forense, 2008.

Fontes do direito administrativo. *In*: DALLARI, Adilson Abreu, NASCIMENTO, Carlos Valder do; MARTINS, Ives Gandra da Silva. (Coord.). *Tratado de direito administrativo*. São Paulo: Saraiva 2013. v. 1.

Fraude fiscal e moralidade administrativa tributária. *In*: Coletânea de artigos apresentados no IV Colóquio Internacional de Derecho. Buenos Aires: La Lei – IOB, 2002.

Garantias e privilégios do crédito tributário. *In*: NASCIMENTO, Carlos Valder do; PORTELLA, André (Coord.). *Comentários ao CTN*. 7. ed. Rio de Janeiro: Forense, 2008.

Imunidades tributárias. *Pesquisas Tributárias*, São Paulo, 1998.

Natureza da coisa julgada: uma abordagem filosófica. *In*: NASCIMENTO, Carlos Valder do; DELGADO, Augusto. *Coisa julgada inconstitucional*. 2. ed. Belo Horizonte: Fórum, 2008.

Orçamento público na ótica de responsabilidade fiscal: autorizativo ou impositivo? *In*: FIGUEREDO, Carlos Maurício; NOBREGA, Marcos (Org.). *Administração Pública*. São Paulo: Revista dos Tribunais, 2002.

Posse indígena na ótica constitucional. *In*: MARTINS, Ives Gandra da Silva; MENDES, Gilmar Ferreira; NASCIMENTO, Carlos Valder do (Coord.). *Tratado de direito constitucional*. 2. ed. São Paulo: Saraiva 2012. v. 2.

Responsabilidade tributária de terceiros – Redirecionamento da execução fiscal. *In*: MARTINS, Ives Gandra Silva; NASCIMENTO, Carlos Valder do; MARTINS, Rogério Gandra da Silva (Coord.). *Tratado de direito tributário*. São Paulo: Saraiva 2011. v. 2.

Responsabilidade tributária. *In*: MARTINS, Ives Gandra da Silva (Coord.). *Tratado de direito tributário*. São Paulo: Revista dos Tribunais/CEU, 2011.

Temas de direito tributário. Belo Horizonte: Del Rey, 1998.

II – Livros literários e de administração

A – Autoria

Canto de presença. Itabuna: Divisão de Comunicação da Ceplac/Fespi, 1976.

Manual de comunicação administrativa. Ilhéus: Fespi, 1979.

Reflexões. Itabuna: Divisão de Comunicação da Ceplac, 1971.

B – Coautoria

Contos da região cacaueira. Ilhéus: Divisão de Comunicação da Ceplac, 1979.

Poesia moderna da região do cacau. Rio de Janeiro: Civilização Brasileira, 1979.

III – Trabalhos técnico-científicos

A Administração Pública e a responsabilidade subsidiária. Tese classificada no Concurso de Monografias do III Congresso Internacional de Direito, realizado no período de 28 a 30.11.1999, em Recife-PE.

A incidência do ICMS na base da Cofins. *Estudos de Direito Público*, Itabuna, v. 26, 2010.

A Previdência Privada como assistência social – A questão da imunidade. *Revista de Direito Tributário*, n. 29/39, 1984.

A Previdência Privada como assistência social. *Revista Forense*, Rio de Janeiro, 1984.

A questão do decreto-lei em matéria de tributação. *Revista de Direito Tributário*, São Paulo, n. 33, 1985.

Advogados públicos e a responsabilidade solidária nos processos administrativos. *Fórum de Contratação e Gestão Pública – FCGP*, Belo Horizonte, ano 6, n. 61, jan. 2007.

As entidades fechadas da previdência privada como entidades assistenciais. *Revista Forense*, Rio de Janeiro, v. 290, 1985.

As mutações do nepotismo na República dos Parentes. *Fórum Administrativo – Direito Público – FA*, Belo Horizonte, jun. 2008.

As vicissitudes do crédito previdenciário em face das obrigações acessórias. *Fórum Administrativo – Direito Público – FA*, Belo Horizonte, ano 8, n. 86, abr. 2008.

Ato cooperativo e tributação. *Estudos de Direito Público*, Itabuna, 2010.

Ato não-cooperativo: inadequação conceitual na ótica jusfilosófica. *Estudos de Direito Público*, Itabuna, v. 3, 2010.

Base de cálculo do IPTU – Atualização do valor venal (parecer). *Revista Forense*, Rio de Janeiro, v. 289, 1985.

Causas extintivas do crédito tributário. *Revista FESPI*, Ilhéus, n. 5, 1985.

Competência impositiva do estado-membro no sistema federativo. *Revista FESPI*, Ilhéus, n. 2, 1983.

Competência impositiva do município: pressupostos constitucionais. *Revista Forense*, Rio de Janeiro, v. 286, 1984.

Considerações sobre a base de cálculo do IPTU. *Revista de Finanças Públicas*, Brasília, v. 365, 1986.

Contribuição social para a saúde: escorcha fiscal para financiar o desperdício. *Revista Fórum de Direito Tributário – RFDT*, Belo Horizonte, ano 7, n. 38, maio/jun. 2009.

Controle de mérito do ato administrativo pelo Poder Judiciário. *Estudos de Direito Público*, Itabuna, v. 20, 2010.

Controle judicial da administração pública a questão da verba indenizatória parlamentar: legitimidade e moralidade. *Fórum Administrativo – Direito Público – FA*, Belo Horizonte, ano 7, n. 77, jul. 2007.

Crédito tributário: conceito e constituição. *Revista Jurídica Lemi*, Belo Horizonte, v. 196, 1984.

Crime de sonegação de contribuição previdenciária – Incapacidade contributiva e antijuricidade-ação penal sem justo motivo: responsabilidade. *Revista Fórum de Direito Tributário – RFDT*, Belo Horizonte, 2008

Declaração de papel imune: obrigação acessória: uma análise de sua juridicidade. *Revista Fórum de Direito Tributário – RFDT*, Belo Horizonte, ano 5, n. 25, p. 123-138, jan./fev. 2007.

Direito internacional público na ótica econômica. *Estudos de Direito Público*, v. 27, Itabuna, 2010.

Elementos constitutivos da dívida ativa da Fazenda Pública. *Suplemento Tributário*, São Paulo, n. 111-413, 1983.

Elisão e evasão fiscal. *Cadernos de Pesquisas Tributárias*, São Paulo, v. 13, 1988.

Embargos à execução fundada em título executivo extrajudicial. *Revista Forense*, Rio de Janeiro, v. 297, 1987.

Empresa pública e a inadequação do seu conceito legal: regime tributário e de bens. *Fórum Administrativo – Direito Público – FA*, Belo Horizonte, ano 7, n. 74, abr. 2007.

Execução contra a Fazenda Pública fundada em título executivo ilegítimo. Ilhéus: Editus da UESC, 1997.

Execução fiscal. *Estudos de Direito Público,* v. 10, Itabuna, 2010.

Fato gerador do imposto predial e territorial urbano. *Cuadernos Ibero Americanos de Estudios Fiscales,* Madrid, n. 2, 1986.

Fraude fiscal e moralidade administrativa tributária. *In:* COLÓQUIO INTERNACIONAL DE DIREITO TRIBUTÁRIO, IV. Artigo... Buenos Aires: La Ley, 2002.

Função comissionada: cargo de confiança. *Revista dos Tribunais,* São Paulo, v. 628, fev. 1988.

Fundamentos constitucionais do IPTU. *Revista Atualidades Forense,* Rio de Janeiro, v. 106, 1986.

Garantias e privilégios do crédito tributário. *Revista Vox Legis,* São Paulo, v. 193, 1985.

Imposto sobre a transmissão de bens imóveis: pressupostos constitucionais e legais. *Estudos de Direito Público,* v. 7, Itabuna, 2010.

Impropriedade do exame de ordem. *Fórum Administrativo – Direito Público – FA,* Belo Horizonte, ano 10, n. 107, jan. 2010.

Imunidade das entidades fechadas de previdência privada. *Suplemento Tributário,* São Paulo, n. 8-84, 1983.

Imunidade tributária. *Estudos de Direito Público,* v. 4, Itabuna, 2010.

Incompetência do juízo do consumidor para dirimir questões tributárias. *Estudos de Direito Público,* v. 26, Itabuna, 2010.

Inter-relação entre sociedade civil e a sociedade política (Estado). *Fórum Administrativo – Direito Público – FA,* Belo Horizonte, jun. 2007.

IR – Excesso de remuneração dos dirigentes de cooperativas. *Revista de Direito Tributário,* São Paulo, n. 40, abr./jun. 1987.

Isenção do imposto de renda dos trabalhadores em razão de doença grave. *Revista Fórum,* Belo Horizonte, 2011.

ISS. *Estudos de Direito Público,* v. 8, Itabuna, 2010.

Lançamento tributário. *Caderno de Pesquisas Tributárias,* São Paulo, v. 12, 1987.

Legislação tributária: fontes e conceito. *Revista de Informação Legislativa,* Brasília, v. 76, 1982.

Legislação tributária: sua posição na ordem jurídica nacional. *Revista Atualidades Forense,* Rio de Janeiro, v. 65, 1983.

Natureza da coisa julgada na ótica filosófica. *Revista de Direito Público,* Belo Horizonte, 2005.

Natureza da coisa julgada: uma abordagem filosófica. *Fórum Administrativo – Direito Público – FA,* Belo Horizonte, ano 6, n. 69, nov. 2006.

Natureza jurídica da dívida ativa da Fazenda Pública. *Cuadernos Ibero Americanos de Estudios Fiscales,* Madrid, n. 3, ano 1986.

O orçamento público na ótica da responsabilidade fiscal: autorizativo ou impositivo? Rio de Janeiro: América Jurídica, 2002.

O tributo e os princípios da causalidade aristotélica. *Estudos de Direito Público,* v. 25, Itabuna, 2010.

Orçamento público na ótica de responsabilidade fiscal: autorizativo ou impositivo? *Estudos de Direito Público*, v. 21, Itabuna, 2010.

Penhora on-line e confisco dos meios de sobrevivência e de produção. *Estudos de Direito Público*, v. 9, Itabuna, 2010.

PM em matéria tributária – A questão da contribuição para o PIS/PASEP. *Enfoque Jurídico*, Brasília, n. 3, out. 1996.

Poder constituinte: natureza e perspectivas. *Revista de Informação Legislativa*, Brasília, v. 87, 1985.

Posse indígena na ótica constitucional: o caso dos Pataxós do sul da Bahia. *Revista Fórum de Direito Tributário – RFDT*, Belo Horizonte, ano 9, n. 95, jan. 2009.

Pressupostos constitucionais do direito fundamental à saúde. *Fórum Administrativo – Direito Público – FA*, Belo Horizonte, ano 7, n. 76, jun. 2007.

Pressupostos da ação declaratória em matéria tributária. *Estudos de Direito Público*, v. 29, Itabuna, 2010.

Pressupostos da inconstitucionalidade da emenda dos precatórios. *Fórum Administrativo – Direito Público – FA*, Belo Horizonte, ano 10, n. 108, fev. 2010.

Pressupostos da interpretação em matéria tributária. *Revista de Janeiro*, v. 298, 1987.

Pressupostos da resolução do CNJ vedando o nepotismo no judiciário. *Fórum Administrativo – Direito Público – FA*, Belo Horizonte, ano 7, n. 73, mar. 2007.

Pressupostos de inelegibilidade em razão de maus antecedentes do candidato: a questão da improbidade administrativa. *Fórum Administrativo – Direito Público – FA*, Belo Horizonte, ano 8, n. 89, jul. 2008.

Pressupostos do valor da causa ausência de impugnação e a questão preclusiva. *Estudos de Direito Público*, v. 22, Itabuna, 2010.

Princípios fundamentais da tributação. *Revista Atualidades Forense*, Rio de Janeiro, v. 75, 1983.

Progressividade do IPTU. *Revista Tributária e de Finanças Públicas*, São Paulo.

Relações da legislação tributária com outras disciplinas. *Revista Atualidades Forense*, Rio de Janeiro, v. 76, 1983.

Responsabilidade objetiva do Estado. *In*: CONGRESSO NACIONAL DE PROCURADORES FEDERAIS. *Artigo...* Fortaleza, 2004.

Responsabilidade tributária e o redirecionamento da execução fiscal. *Revista Fórum de Direito Tributário – RFDT*, Belo Horizonte, ano 7, n. 39 mar./abr. 2009.

Revisão constitucional: âmbitos, alcance e limites. *Revista de Informação Legislativa*, Brasília, v. 120, 1993.

Segurança jurídica: mito e realidade. *Fórum Administrativo – Direito Público – FA*, Belo Horizonte, ano 7, n. 72, p. 7-13, fev. 2007.

Sonegação fiscal em matéria previdenciária: crime impossível de face da improbidade do objeto. *Estudos de Direito Público*, Itabuna, 2010.

Taxa de lixo domiciliar. Rio de Janeiro: América Jurídica, 2002.

Terceiro setor: privatização de serviços públicos: aspectos conceituais e tributários. *Revista Fórum de Direito Tributário – RFDT*, Belo Horizonte, ano 7, n. 41, set./out. 2009.

ANEXO

JURISPRUDÊNCIA – SUPREMO TRIBUNAL FEDERAL

MEDIDA CAUTELAR NA ARGUIÇÃO DE DESCUMPRIMENTO DE PRECEITO FUNDAMENTAL 548 DISTRITO FEDERAL

RELATORA	MIN. CÁRMEN LÚCIA
REQTE.(S)	PROCURADORA-GERAL DA REPÚBLICA
INTDO.(A/S)	JUIZ ELEITORAL DA 17ª ZONA ELEITORAL DE CAMPINA GRANDE
ADV.(A/S)	SEM REPRESENTAÇÃO NOS AUTOS
INTDO.(A/S)	JUÍZA ELEITORAL DA 199ª ZONA ELEITORAL DO RIO DE JANEIRO
ADV.(A/S)	SEM REPRESENTAÇÃO NOS AUTOS
INTDO.(A/S)	JUIZ ELEITORAL DA 18ª ZONA ELEITORAL DE MATO GROSSO DO SUL
ADV.(A/S)	SEM REPRESENTAÇÃO NOS AUTOS
INTDO.(A/S): JUIZ ELEITORAL DA 20ª ZONA ELEITORAL DO RIO	JUIZ ELEITORAL DA 20ª ZONA ELEITORAL DO RIO GRANDE DO SUL
ADV.(A/S)	SEM REPRESENTAÇÃO NOS AUTOS
INTDO.(A/S)	JUÍZA ELEITORAL DA 30ª ZONA ELEITORAL DE BELO HORIZONTE
ADV.(A/S)	SEM REPRESENTAÇÃO NOS AUTOS

DECISÃO

ARGUIÇÃO DE DESCUMPRIMENTO DE PRECEITO FUNDAMENTAL. ELEIÇÕES 2018: MANIFESTAÇÕES EM INSTITUIÇÕES DE ENSINO SUPERIOR. ATOS DO PODER PÚBLICO: BUSCAS E APREENSÕES. ALEGADO DESCUMPRIMENTO A PRECEITOS FUNDAMENTAIS: PLAUBILIDADE JURÍDICA DEMONSTRADA. EXCEPCIONAL URGÊNCIA QUALIFICADA CONFIGURADA: DEFERIMENTO CAUTELAR AD REFERENDUM DO PLENÁRIO

Relatório

1. Arguição de Descumprimento de Preceito Fundamental, com requerimento de medida cautelar, ajuizada pela Procuradora-Geral da República às 21h37min do dia 26.10.2018 (e-doc. 10), com o objetivo de "evitar e reparar lesão a preceitos fundamentais resultantes de atos do Poder Público tendentes a executar ou autorizar buscas e apreensões, assim como proibir o ingresso e interrupção de aulas, palestras, debates ou atos congêneres e promover a inquirição de docentes, discentes e de outros cidadãos que estejam em local definido como universidade pública ou privada" (fl. 2, e-doc. 1).

2. A autora indica como objeto da presente arguição decisões proferidas por juízes eleitorais, pelas quais determinam a busca e apreensão do que seriam *"panfletos"* e materiais de campanha eleitoral em universidades e nas dependências das sedes de associações de docentes, proíbem aulas com temática eleitoral e reuniões e assembleias de natureza política, impondo-se a interrupção de manifestações públicas de apreço ou reprovação a candidatos nas eleições gerais de 2018, em ambiente virtual ou físico de universidades federais e estaduais.

Relata episódios de ação policial presumidamente sem respaldo da Justiça e outras em cumprimento a decisões judiciais mas sem fundamento válido:

> Cite-se que na Universidade Federal de Uberlândia – UFU ocorreu a retirada de faixa com propaganda eleitoral colocada do lado externo de

uma das portarias do campus Santa Mônica, pela Polícia Militar, após a Universidade ter levado o caso ao conhecimento do Cartório Eleitoral de Uberlândia, não sendo possível aferir se a determinação foi exarada do juiz da 278ª ou 279ª Zona Eleitoral.

Na Universidade Estadual do Rio de Janeiro – UERJ, policiais promoveram a retirada de faixas em homenagem à vereadora Marielle Franco, assassinada em março, e com as inscrições "Direito Uerj Antifascismo".

Por sua vez, a Universidade informou que não havia mandado judicial a autorizar as referidas ações.

Na Universidade do Estado da Bahia – UNEB, campus de Serrinha, foram retirados cartazes supostamente de apoio a candidato a Presidência da República (fl. 4).

Defende o cabimento da presente arguição de descumprimento de preceito fundamental, apontando "lesão aos direitos fundamentais da liberdade de manifestação do pensamento, de expressão da atividade intelectual, artística, científica e de comunicação e de reunião (art. 5º-IV, IX e XVI), ao ensino pautado na liberdade de aprender, ensinar, pesquisar e divulgar o pensamento e o pluralismo de ideias (art. 206-II e III) e à autonomia didático- científica e administrativa das universidades (art. 207) previstos na Constituição" (fl. 5).

Realça a Procuradora Geral da República fundarem-se as buscas e apreensões realizadas em universidades públicas e privadas no art. 37 da Lei nº 9.504/1997, que dispõe:

> Art. 37. Nos bens cujo uso dependa de cessão ou permissão do poder público, ou que a ele pertençam, e nos bens de uso comum, inclusive postes de iluminação pública, sinalização de tráfego, viadutos, passarelas, pontes, paradas de ônibus e outros equipamentos urbanos, é vedada a veiculação de propaganda de qualquer natureza, inclusive pichação, inscrição a tinta e exposição de placas, estandartes, faixas, cavaletes, bonecos e assemelhados.
>
> §1º A veiculação de propaganda em desacordo com o disposto no caput deste artigo sujeita o responsável, após a notificação e comprovação, à restauração do bem e, caso não cumprida no prazo, a multa no valor de R$ 2.000,00 (dois mil reais) a R$ 8.000,00 (oito mil reais).
>
> §2º Não é permitida a veiculação de material de propaganda eleitoral em bens públicos ou particulares, exceto de:
>
> I - bandeiras ao longo de vias públicas, desde que móveis e que não dificultem o bom andamento do trânsito de pessoas e veículos;
>
> II - adesivo plástico em automóveis, caminhões, bicicletas, motocicletas e janelas residenciais, desde que não exceda a 0,5 m² (meio metro quadrado).

§3º Nas dependências do Poder Legislativo, a veiculação de propaganda eleitoral fica a critério da Mesa Diretora.

§4º Bens de uso comum, para fins eleitorais, são os assim definidos pela Lei nº 10.406, de 10 de janeiro de 2002 - Código Civil e também aqueles a que a população em geral tem acesso, tais como cinemas, clubes, lojas, centros comerciais, templos, ginásios, estádios, ainda que de propriedade privada.

§5º Nas árvores e nos jardins localizados em áreas públicas, bem como em muros, cercas e tapumes divisórios, não é permitida a colocação de propaganda eleitoral de qualquer natureza, mesmo que não lhes cause dano.

§6º É permitida a colocação de mesas para distribuição de material de campanha e a utilização de bandeiras ao longo das vias públicas, desde que móveis e que não dificultem o bom andamento do trânsito de pessoas e veículos.

§7º A mobilidade referida no §6º estará caracterizada com a colocação e a retirada dos meios de propaganda entre as seis horas e as vinte e duas horas.

§8º A veiculação de propaganda eleitoral em bens particulares deve ser espontânea e gratuita, sendo vedado qualquer tipo de pagamento em troca de espaço para esta finalidade.

Enfatiza estar-se às vésperas do segundo turno das eleições para Presidente da República e de Governador em algumas unidades federadas, "revelando ser ineficaz a adoção de medidas específicas, com o intuito de se salvaguardar de modo efetivo e eficiente a observância dos preceitos fundamentais aqui afrontados, a revelar, desse modo, o cabimento desta ação" (fl. 6).

Argumenta fundamentar-se nos direitos e garantias individuais listados no art. 5º da Constituição da República para o ajuizamento da arguição de descumprimento de preceito fundamental, tendo este Supremo Tribunal reconhecido, no julgamento da ADPF n. 187 (Relator o Ministro Celso de Mello, Plenário, DJe 28.5.2014), o aproveitamento desse instrumento constitucional para resguardar o direito de crítica, de protesto e de discordância advindos da liberdade de expressão e da livre manifestação do pensamento.

Anota que os incs. II e III do art. 206 da Constituição da República, nos quais estabelecidos os princípios orientadores da educação, também estimulam "a construção de espaços de liberdade em obséquio ao sentido democrático que anima as instituições da

República" (trecho do voto do Ministro Celso de Mello na ADPF nº 187), explicitando:

> Com efeito, os princípios constantes do rol do artigo 206 da Constituição visam a garantir que o ensino não se revista apenas do caráter informativo, mas, sobretudo, da formação de ideias à luz dos princípios-base que emanam da Constituição e irradiam por todo o ordenamento; entre eles, a liberdade de aprender, ensinar, pesquisar e divulgar o pensamento, a arte e o saber, assim como o respeito ao pluralismo de ideias e ao debate (fls. 7-8).

Aduz que a autonomia universitária, prevista no art. 207 da Constituição da República, qualifica-se também como preceito fundamental autorizador desta ação constitucional, citando passagem da peça inicial da Arguição de Descumprimento de Preceito Fundamental nº 474, ajuizada pelo partido político Rede Sustentabilidade contra a concentração da gestão financeira e orçamentária das universidades públicas do Estado do Rio de Janeiro (Relatora a Ministra Rosa Weber).

Afirma que os atos impugnados na presente arguição de descumprimento de preceito fundamental contrariam a jurisprudência deste Supremo Tribunal pautada na defesa da liberdade de manifestação do pensamento e de comunicação e exorbitaram "os limites de fiscalização de lisura do processo eleitoral e afrontaram os preceitos fundamentais já mencionados, por abstraí-los" (fl. 9).

3. Sustenta perigo na demora da suspensão dos atos impugnados e a "iminência no cometimento de outros às vésperas da eleição [requerendo] a concessão de medida cautelar, até por decisão monocrática do eminente relator, ad referendum do Plenário, a fim de se suspender todo e qualquer ato que determine ou promova o ingresso de agentes públicos em universidades públicas e privadas, o recolhimento de documentos, a interrupção de aulas e debates, a atividade disciplinar docente e discente e a coleta irregular de depoimentos" (fl. 9).

No mérito, pede "que se declare a nulidade dos atos praticados e ora impugnados, tanto quanto de outros porventura cometidos e aqui não mencionados, assim como a abstenção, por quaisquer autoridades públicas, de todo ato tendente a, a pretexto de cumprimento do artigo 24 da Lei nº 9.504/97, determine ou promova o ingresso de agentes públicos em universidades públicas e privadas, o recolhimento de documentos, a interrupção de aulas e debates, a atividade disciplinar docente e discente e a coleta irregular de depoimentos" (fl. 10).

4. Distribuídos, os autos eletrônicos vieram-me conclusos às 22h38min do dia 26.10.2018 (e-doc. 11).

5. *Examinados os elementos havidos nos autos*, decido sobre o requerimento de medida cautelar, sem a audiência dos órgãos ou das autoridades das quais emanaram os atos impugnados, em razão da urgência qualificada verificada na espécie.

É a comprovação desta urgência qualificada que impede o aguardo de sessão previamente agendada para o exame da cautelar requerida, pelo Plenário deste Supremo Tribunal, em regular processamento das fases da presente arguição.

Dos atos questionados

6. Pretende-se, nesta arguição de descumprimento de preceito fundamental, a declaração de nulidade de atos do Poder Público, especificamente de decisões judiciais e administrativas de busca e apreensão de material do que seria propaganda eleitoral ou manifestação de preferência eleitoral ou de questionamento quanto a princípios em discussão no presente processo eleitoral, pedindo-se sejam impedidas práticas de vedação e interrupção de atos de manifestação de pensamento e de preferências políticas ou de contrariedade a ideias e de aulas e debates, atividade disciplinar docente e discente, a vedação do ingresso de agentes públicos em universidades públicas e privadas, o recolhimento de documentos e a coleta irregular de depoimentos sobre comportamentos como os descritos.

7. Dos documentos acostados aos autos, alguns incompletos, tem-se que juízes eleitorais teriam determinado medidas de busca e apreensão de documentos em ambientes universitários e interrompido ou proibido aulas e atos de manifestação de pensamento de docentes e discentes universitários, o mesmo comportamento sendo adotado, em alguns casos, sem sequer comprovação de ato judicial respaldando a providência administrativa da polícia.

As medidas teriam como alegado embasamento jurídico a legislação eleitoral, que veda "a veiculação de propaganda de qualquer natureza, inclusive pichação, inscrição a tinta e exposição de placas, estandartes, faixas, cavaletes, bonecos e assemelhados" (art. 37 da Lei nº 9.504/1997).

Conquanto emanados de juízes eleitorais alguns e outros adotados por policiais sem comprovação de decisão judicial prévia e neles constando referências a normas legais vigentes, os atos questionados apresentam-se com subjetivismo incompatível com a objetividade e neutralidade que devem permear a função judicante, além de neles haver demonstração de erro de interpretação de lei, a conduzir a contrariedade ao direito de um Estado democrático.

Liberdades públicas e processo eleitoral democrático

8. O processo eleitoral, no Estado democrático, fundamenta-se nos princípios da liberdade de manifestação do pensamento, da liberdade de informação e de ensino e aprendizagem, da liberdade de escolhas políticas, em perfeita compatibilidade com elas se tendo o princípio, também constitucionalmente adotado, da autonomia universitária.

Por eles se garante a liberdade de escolha política sem o que não se tem processo eleitoral plural, como inerente à democracia a ser construída e garantida e no qual comparece a eleição como instrumento imprescindível à sua dinâmica.

Sem liberdade de manifestação, a escolha é inexistente. O que é para ser opção, transforma-se em simulacro de alternativa. O processo eleitoral transforma-se em enquadramento eleitoral, próprio das ditaduras.

Por isso, toda interpretação de norma jurídica que colida com qualquer daqueles princípios, ou, o que é pior e mais grave, que restrinja ou impeça a manifestação da liberdade é inconstitucional, inválida, írrita.

Todo ato particular ou estatal que limite, fora dos princípios fundamentais constitucionalmente estabelecidos, a liberdade de ser e de manifestação da forma de pensar e viver o que se é, não vale juridicamente, devendo ser impedido, desfeito ou retirado do universo das práticas aceitas ou aceitáveis.

Em qualquer espaço no qual se imponham algemas à liberdade de manifestação há nulidade a ser desfeita. Quando esta imposição emana de ato do Estado (no caso do Estado-juiz ou de atividade administrativa policial) mais afrontoso é por ser ele o responsável por assegurar o pleno exercício das liberdades, responsável juridicamente por impedir sejam elas indevidamente tolhidas.

Fazendo incidir restrição no ambiente de informação, ensino e aprendizagem como é o universitário, que tem o reforço constitucional da garantia de autonomia, assegurado de maneira específica e expressa constitucionalmente, para se blindar esse espaço de investidas indevidas restritivas de direitos, a demonstração da nulidade faz-se mais patente e também mais séria.

9. E no entanto, parece ter sido o que se deu no caso em exame.

A liberdade é o pressuposto necessário para o exercício de todos os direitos fundamentais.

Os atos questionados na presente arguição de descumprimento de preceito fundamental desatendem os princípios constitucionais assecuratórios da liberdade de manifestação do pensamento e desobedecem as garantias inerentes à autonomia universitária.

10. Juízes eleitorais teriam determinado busca e apreensão de documentos, objetos e bens nos quais se conteriam expressões de negação a propostas, projetos ou indicação de ideias de grupos políticos e que estariam em equipamentos universitários. Em outra passagem da peça inicial há referência a que aquela providência de busca e apreensão teria se dado sem o respaldo de decisão judicial determinante do comportamento.

Respaldaram-se, alegadamente, para tanto, em qualquer dos casos expostos, em normas que vedam propaganda eleitoral de qualquer natureza.

Às vésperas de pleito eleitoral denso e tenso, as providências judiciais e os comportamentos estendem-se por interrupções de atos pelos quais se expressam ideias e ideologias, preferências, propostas e percepções do que se quer no processo político.

Há que se interpretarem as normas jurídicas impeditivas de práticas durante o processo eleitoral segundo a sua finalidade e nos limites por ela contemplados e que não transgridem princípios constitucionais. Fora ou além do limite necessário ao resguardo de todas as formas de manifestação livre de pensar e do espaço livre de cada um atuar segundo o seu pensamento político o que há é abuso não de quem se expressa, mas de quem limita a expressão.

11. Dispõe o art. 37 da Lei nº 9.504/1997 ser vedada a veiculação de propaganda de qualquer natureza, inclusive pichação, inscrição a tinta e exposição de placas, estandartes, faixas, cavaletes, bonecos e assemelhados nos espaços indicados na norma.

A finalidade da norma que regulamenta a propaganda eleitoral e impõe proibição de alguns comportamentos em períodos especificados é impedir o abuso do poder econômico e político e preservar a igualdade entre os candidatos no processo.

A norma visa o resguardo da liberdade do cidadão, o amplo acesso das informações a fim de que ele decida segundo a sua conclusão livremente obtida, sem cerceamento direto ou indireto a seu direito de escolha.

A vedação legalmente imposta tem finalidade específica. Logo, o que não se contiver nos limites da finalidade de lisura do processo eleitoral e, diversamente, atingir a livre manifestação do cidadão não se afina com a teleologia da norma eleitoral, menos ainda com os princípios constitucionais garantidores da liberdade de pensamento, de manifestação, de informação, de aprender e ensinar.

No caso em apreço, para além deste princípio magno garantidor de todas as formas de manifestação da liberdade, as providências adotadas teriam ferido também a autonomia das universidades e a liberdade dos docentes e dos discentes. As práticas coartadas pelos atos questionados e que poderiam se reproduzir em afronta à garantia das liberdades – e por isso menos, insubsistentes juridicamente – não restringem direitos dos candidatos, mas o livre pensar dos cidadãos.

12. Tem-se nos incisos IV, IX e XVI do art. 5º da Constituição do Brasil:

> Art. 5º Todos são iguais perante a lei, sem distinção de qualquer natureza, garantindo-se aos brasileiros e aos estrangeiros residentes no País a inviolabilidade do direito à vida, à liberdade, à igualdade, à segurança e à propriedade, nos termos seguintes:
> (...)
> IV - é livre a manifestação do pensamento, sendo vedado o anonimato;
> (...)
> IX - é livre a expressão da atividade intelectual, artística, científica e de comunicação, independentemente de censura ou licença

(...)
XVI - todos podem reunir-se pacificamente, sem armas, em locais abertos ao público, independentemente de autorização, desde que não frustrem outra reunião anteriormente convocada para o mesmo local, sendo apenas exigido prévio aviso à autoridade competente;

Os dispositivos da Lei nº 9.504/1997 somente têm interpretação válida em sua adequação e compatibilidade com os princípios acima mencionados e nos quais se garantem todas as formas de manifestação da liberdade de pensamento, de divulgação de ideias e de reunião dos cidadãos.

Ao impor comportamentos restritivos ou impeditivos do exercício daqueles direitos as autoridades judiciais e policiais proferiram decisões com eles incompatíveis. Por estes atos liberdades individuais, civis e políticas foram profanadas em agressão inaceitável ao princípio democrático e ao modelo de Estado de Direito erigido e vigente no Brasil.

A atuação dos cidadãos, no exercício de sua liberdade de manifestação de pensamento, não foi sequer objeto de cuidado na norma eleitoral indicada como fundamento das decisões descritas na peça inicial da presente arguição.

Insista-se: volta-se a norma contra práticas abusivas e comprometedoras da livre manifestação das ideias, o que não é o mesmo nem próximo sequer do exercício das liberdades individuais e públicas. O uso de formas lícitas de divulgação de ideias, a exposição de opiniões, ideias, ideologias ou o desempenho de atividades de docência é exercício da liberdade, garantia da integridade individual digna e livre, não excesso individual ou voluntarismo sem respaldo fundamentado em lei.

Liberdade de pensamento não é concessão do Estado. É direito fundamental do indivíduo que a pode até mesmo contrapor ao Estado. Por isso não pode ser impedida, sob pena de substituir-se o indivíduo pelo ente estatal, o que se sabe bem onde vai dar. E onde vai dar não é o caminho do direito democrático, mas da ausência de direito e *déficit* democrático.

Exercício de autoridade não pode se converter em ato de autoritarismo, que é a providência sem causa jurídica adequada e fundamentada nos princípios constitucionais e legais vigentes.

13. Tem-se na peça inicial da presente arguição que os atos questionados teriam cerceado o princípio da autonomia universitária, porque teriam se dirigido contra comportamentos e dados constantes de equipamentos havidos naquele ambiente e em manifestações próprias das atividades fins a que se propõem as universidades.

Dispõem os incs. II e III do art. 206 e o art. 207 da Constituição do Brasil:

> Art. 206. O ensino será ministrado com base nos seguintes princípios:
> (...)
> II - liberdade de aprender, ensinar, pesquisar e divulgar o pensamento, a arte e o saber;
> III - pluralismo de idéias e de concepções pedagógicas, e coexistência de instituições públicas e privadas de ensino.
> (...)
> Art. 207. As universidades gozam de autonomia didático-científica, administrativa e de gestão financeira e patrimonial, e obedecerão ao princípio de indissociabilidade entre ensino, pesquisa e extensão.

As normas constitucionais acima transcritas harmonizam-se, como de outra forma não seria, com os direitos às liberdades de expressão do pensamento, de informar-se, de informar e de ser informado, constitucionalmente assegurados, para o que o ensino e a aprendizagem conjugam-se assegurando espaços de libertação da pessoa, a partir de ideias e compreensões do mundo convindas ou desavindas e que se expõem para convencer ou simplesmente como exposição do entendimento de cada qual.

A autonomia é o espaço de discricionariedade deixado constitucionalmente à atuação normativa infralegal de cada universidade para o excelente desempenho de suas funções constitucionais. Reitere-se: universidades são espaços de liberdade e de libertação pessoal e política. Seu título indica a pluralidade e o respeito às diferenças, às divergências para se formarem consensos, legítimos apenas quando decorrentes de manifestações livres. Discordâncias são próprias das liberdades individuais. As pessoas divergem, não se tornam por isso inimigas. As pessoas criticam. Não se tornam por isso não gratas. Democracia não é unanimidade. Consenso não é imposição.

Daí ali ser expressamente assegurado pela Constituição da República a liberdade de aprender e de ensinar e de divulgar livremente o pensamento, porque sem a manifestação garantida o pensamento é ideia engaiolada.

Também o pluralismo de ideias está na base da autonomia universitária como extensão do princípio fundante da democracia brasileira, que é exposta no inc. V do art. 1º da Constituição do Brasil.

Pensamento único é para ditadores. Verdade absoluta é para tiranos. A democracia é plural em sua essência. E é esse princípio que assegura a igualdade de direitos individuais na diversidade dos indivíduos.

Ao se contrapor a estes direitos fundamentais e determinar providências incompatíveis com o seu pleno exercício e eficaz garantia não se interpretou a norma eleitoral vigente. Antes, a ela se ofereceu exegese incompatível com a sua dicção e traidora dos fins a que se destina, que são os de acesso igual e justo a todos os cidadãos, garantindo-lhes o direito de informar-se e projetar suas ideias, ideologias e entendimentos, especialmente em espaços afetos diretamente à atividade do livre pensar e divulgar pensamentos plurais.

Toda forma de autoritarismo é iníqua. Pior quando parte do Estado. Por isso os atos que não se compatibilizem com os princípios democráticos e não garantam, antes restrinjam o direito de livremente expressar pensamentos e divulgar ideias são insubsistentes juridicamente por conterem vício de inconstitucionalidade.

Pelo exposto, em face da urgência qualificada comprovada no caso, dos riscos advindos da manutenção dos atos indicados na peça inicial da presente arguição de descumprimento de preceito fundamental e que poderiam se multiplicar em face da ausência de manifestação judicial a eles contrária, defiro a medida cautelar para, *ad referendum* do Plenário deste Supremo Tribunal Federal, suspender os efeitos de atos judiciais ou administrativos, emanado de autoridade pública que possibilite, determine ou promova o ingresso de agentes públicos em universidades públicas e privadas, o recolhimento de documentos, a interrupção de aulas, debates ou manifestações de docentes e discentes universitários, a atividade disciplinar docente e discente e a coleta irregular de depoimentos desses cidadãos pela prática de manifestação livre de ideias e divulgação do pensamento nos ambientes universitários ou em equipamentos sob a administração de universidades públicas e privadas e serventes a seus fins e desempenhos.

Comunique-se, com urgência, ao Presidente do Supremo Tribunal Federal, encaminhando a Sua Excelência cópia desta decisão e expondo-lhe a disponibilidade de seus termos a serem submetidos a *referendum* do Plenário segundo a definição da Secretaria do órgão colegiado.

Nos termos do inc. I do art. 87 encaminhe-se cópia desta decisão aos Senhores Ministros.
Intime-se a Procuradora Geral da República dos termos da presente decisão.

Publique-se.
Brasília, 27 de outubro de 2018.

Ministra: Cármen Lúcia

Esta obra foi composta em fonte Palatino Linotype, corpo 10
e impressa em papel Offset 75g (miolo) e Supremo 250g (capa)
pela Paulinelli Serviços Gráficos, em Belo Horizonte/MG.